# シングルマザー、その後

黒川祥子

[日]黑川祥子 著　　韩晓丹 译

# 成为
# 单身母亲之后

上海译文出版社

# 目　录

**前　言** ········································· 001
　　成为单身母亲的"开端"/女性的贫困元年/社会的儿童

**第一章　育儿之后的未来** ························· 001
　　水野敦子：为什么我会背负多重债务？ ··········· 005
　　考学让生活急转直下/母子家庭的孩子不能去上大学！/
　　家庭经济崩溃/沦为"落伍者"的那天

　　川口有纱：只是抚养孩子 ······················· 015
　　精神暴力/迈出新的一步/和父亲见面交流/抛弃拼命工
　　作的母亲

　　渡边照子：用单身母亲的身份进行战斗 ··········· 025
　　抱着新生儿露宿街头的时期/最低等级的母子家庭/重
　　度抑郁/抗议派遣劳动

**第二章　1985 年——女性的贫困元年** ············· 037
　　《男女雇用机会均等法》/我的 1985 年/《男女雇用机会
　　均等法》的暗影/给予依靠丈夫扶养的妻子优待政策/
　　《男女雇用机会均等法》和《劳动者派遣法》/儿童抚
　　养补贴减少/创立遗属年金/我的 1986 年

　　**采访　1980 年代以后，政府的无作为让单身母亲陷
　　　　　入困境** ······························· 059
　　两大潮流的对决/分裂女性/女性作为非正式劳动者进
　　入社会/1980 年代"幻想"的代价

**第三章　老后无依** ········· 069
　　森田叶子：虽说切断了贫困的传递 ········· 073
　　厌恶丈夫/信用卡陷阱/切断贫困的传递/惊天逆转，奇迹发生/只有身体是本钱

　　大野真希：作为性工作者生存 ········· 084
　　连夜的聚会和暴力/在夜总会走钢丝的生活/提供性服务/考上录取率超低的高中和1000万日元的存款/不可抗力——疫情

　　小林尚美：育儿的时候如果多一个帮手的话 ····· 096
　　不是自己的错/丈夫成为调停狂/发展障碍/网络成瘾/去工作！去自立！

　　**采访　受惠于福祉是一个误解** ········· 110
　　雇用的流动化/即使工作也无法维持生活的工资体系/怎样做才能不陷入贫困？/建立抚养费追索制度/儿童抚养补贴制度持续"改恶"/离婚是一种任性/这个国家的"儿童观"/结束育儿后，单身母亲的未来

**第四章　世界如何看待单身母亲？——以法国和韩国为例** ··· 127
　　法国 ········· 129
　　"社会的儿童"的观念/女性社会地位高/抚养费代付制度的重要性/福祉不存在"自立"/教育免费/提供享受自己人生的支援/面向父母的社会工作

　　韩国 ········· 143
　　单亲家庭日/让当事人一扫阴霾，充满希望的支援/给予未婚母亲充实的支援/抚养费问题/以创业支援为支柱的就业支援

　　**采访　日本的单身母亲为什么会陷入穷忙状态？** ··· 154
　　日本的女性教育水平处于发达国家最末位/显著的日本儿童贫困率/日本的单身母亲陷入贫困的原因/日本固有的劳动传统拖后腿/扩充奖学金/当今育儿面临的特有

问题

**结语** ·············· 168
疫情中的生活/疫情之后，应该建立怎样的社会？

**参考文献** ·············· 184

# 前　言

孤苦无依，脚踩浮云，手握虚空。孑然一身，心如刀绞，苦不堪言。

这样的体验，你经历过吗？

已经过去20年了。老实说，对于能否准确地描述那段无法命名的时光，我惶恐不安。但现在我想要把它说出来，哪怕只是冰山一角。因为我相信，这不是我一个人的经历，肯定有和我遭受着同样痛苦和伤害的人。所以，我要向你讲述我成为单身母亲的"开端"。

成为单身母亲的"开端"

那是发现丈夫有情人的第二天的事情。其实他第一次在外过夜的时候，我的直觉就告诉我他出轨了。但当他本人告诉我这个事实的那一刻，我的尊严还是瞬间扫地，变成了一块没有任何价值的破抹布。

这种感觉从未有过。我无法倚靠、依赖、踩踏、站立在这个世界的任何地方。我失去了和这个世界的所有连接。

我像失去轴心的陀螺胡乱地转,被痛苦击溃的我即使声嘶力竭地呼喊"救命",也传达不到任何地方。

被世界抛弃的感觉,除了恐怖还是恐怖。

突然想起来一个词,这就是所谓的"精神错乱"吧。

我无法保持不动,冲动地跳进电车。想着在哪里下车、如何回家,从最近的地铁站检票口出来,那一刻,我突然想到了和这个世界仅有的连接——我的孩子。

两个儿子,一个12岁,一个4岁。

"我不是还有两个孩子吗?还有无条件爱我的人在啊……"

想到这里,我冰冷的身体里流出一股暖流。

我才意识到那个时刻我竟然放开了孩子们的手。他们是我生命中最不能放手的人,哪怕几个小时都不行,我当时到底在做什么……

虽然通过孩子们终于重新建立起和世界的连接,但我还是感觉自己是块破抹布,被背叛的事实没有改变。长男上小学六年级、次男上保育园中班的那年夏天,我的精神出现了问题。

我是PTA[①]的管理层,负责收取会费。去了8家之后,来访的前辈对我说:"怎么回事?这个金额,不对啊。"

之后,我重新去收了会费。到底是怎么回事?我也不

---

① PTA(Parent-Teacher Association)即家长教师协会,是由家长和教师(不包括儿童)在各学校组织的与教育相关的社会组织。[本书脚注如无说明皆为译注]

知道什么原因。去银行,不往返三次,就办不成一件事。生活能力下降,取而代之的是辨别谎言的能力增强。我瞬间就能分辨出谎言,因为说谎的人面容丑陋。

"今天首都高速也堵了3小时""T恤是从客户那里拿到的"……不可能!微小的谎言像垃圾一样堆满了整个房间,我一分一秒也待不下去。不安的刀刃划过身体和心灵,让我备受折磨。

于是,我开始服用心内科的药,包括抗焦虑药、精神安定剂和安眠药。哪个对我来说都必不可少。

把孩子交给丈夫,自己去外地采访的时候,访问前必须嘎吱嘎吱地嚼着精神安定剂。如果不这样,我就不能控制奔涌的情绪和泪水。虽说是满目疮痍并且难为情的采访,但我觉得自己写得还不错。我以为这些没有给写作者的工作带来障碍,实际情况并不是这样。

我认为丈夫出轨的原因在于我自己,所以努力挽回,但是我无法忍受诸如"在首都高速堵了3个小时"的谎言一而再再而三地出现,于是决定和丈夫分居,接着就离婚了。

只和丈夫两个人商量,不知道事情什么时候有着落,所以我花了20万日元,请了律师。多亏了律师,事情进展得很顺利,丈夫同意支付两个孩子每月各5万日元的抚养费,总共10万日元,直到两个孩子成为社会人。长男是我带来的孩子,和他没有血缘关系,感谢他没有对两个儿子区别对待。

仅靠自由写作者的收入很难维持生活,我每周还有3天在广告公司打工，工作内容主要是写医疗器械的广告文案，工作时间从早上9点到晚上6点，日薪1万日元。通勤时间超过一个小时，在电车里我过度换气，泪流不已，依靠对前夫的憎恨活着。

老实说，我也曾考虑过放弃写作者的工作，成为一名公司职员。但是，身为非虚构写作者的前辈极力劝说我"不能停笔"，我才作罢。这之后，前辈还让给了我一份好工作。

哥哥负责接送上保育园的弟弟，我晚上8点回家负责做饭，三个人一起吃饭。哥哥替代了我这个精神不稳定的母亲，守护着弟弟。三个人暑假一起去旅行，开启了没有父亲组成的家庭的新篇章。

广告公司要求加班，我辞去了工作，因为次男患上了抽动症，出现了精神方面的症状，为了尽可能陪伴他，我选择走上自由职业者这条不稳定就业的道路（40岁这个年龄，不知道还能不能成为正式员工）。

和孩子在一起的时间是一去不复返的，所以我决定尽量陪伴有发展障碍倾向的次男。次男患上抽动症肯定是因为我的精神状态不稳定。4岁到6岁这关键的两年，孩子很需要妈妈，但是我忙于自己的事情疏于陪伴，现在我想尽量补偿他。

那个时候，我活下去的力量从憎恨前夫变成了感谢他每月支付抚养费。因为只要我还把自己当成受害者，人生就无法向前。

45岁之前，在成立母子家庭的第三年，我接连调查几起"家庭内杀人"事件，写了心仪已久的非虚构作品。

孩子们的成长令人欣喜，狗也成了我们的家庭成员。以狗为中心，三个人的生活很快乐，笑声不绝于耳。不管在外边遇到什么，只要回到家就很幸福。

回想那个时候，两个孩子还在义务教育阶段，教育费减免，还有就学援助，最重要的是儿童抚养补贴起到了关键作用。正是有这样一系列福祉的支撑，我们才能够过上安稳的生活。

次男没考上东京都立高中，不得不进入私立高中上学，给家庭蒙上了一层乌云。我借了无利息的东京都母子福祉资金，缴纳私立高中的入学金和学费，前夫知道后怒斥"为什么不让他上都立高中？"，从那之后不再支付抚养费。又不是我们想去私立高中！

这是高中学费免费[1]以前发生的事。次男上私立高中学费高昂，加上拿不到抚养费，生活一下子变得很艰辛。

长男从都立高中考上了录取率很低的私立大学。通过借贷"国家教育贷款（教育一般贷款）"缴纳了第一年纳入金[2]，第二年他靠奖学金和勤工俭学挣的钱自己交了学费。那个时候，次男未满18岁，还能拿到儿童抚养补贴。

次男高中毕业后，儿童抚养补贴停止发放，生活失去了安全保障，变得苦不堪言。次男高中毕业后没有考上大

---

[1] 日本自2020年4月起逐步推行私立高中学费的实质性免费制度。
[2] 第一年学费，一般包括入学金、学费、杂费三个部分。

学,但是志向理科,希望去补习学校留级,明年再考,所以借了国家教育贷款缴纳学费。

2013年,我获得了开高健非虚构文学奖,用奖金还掉了一部分国家教育贷款,这让我暂时松了一口气。虽说因为得奖工作增多而忙得不可开交,但非虚构写作这种工作需要花费大量的时间和精力,付出和收获不成正比,即使出书也不能从本质上改善自己的生活。

由于还教育贷款的经济压力很大,于是我跟律师商量向前夫索要未支付的抚养费,给他发送了要求"履行抚养费支付义务"的内容证明书,计算出未支付的抚养费总额大概340万日元。这笔钱能很大程度上减轻生活负担。果不其然,这件事被前夫无视,最后不了了之。再说了,那个时候,我才知道离婚时花20万日元(重复说是因为支付这笔钱对当时的我来说很困难)请的律师并没有开具抚养费协议的公证书,所以就没有强制催收抚养费的权利。这个情况,我到现在才知道。只怪我当时精神状态过于混乱,甚至连合议文书都没有确认。

前夫偶尔请儿子们吃豪华大餐,给他们零花钱,但是对于他们的学费一毛不拔。

## 女性的贫困元年

"黑川女士,你认为女性的贫困元年是哪一年呢?"

2017年夏天在大板梅田的一家咖啡馆,时任神户学院大学教授的社会学家神原文子饶有兴致地问我。这个问题从根本上改变了我的认知，也造就了这本书的诞生。

女性的贫困是结构性问题。1985 年，《男女雇用机会均等法》颁布实施，这部本意实现男女平等的法律却将女性贫困编织进了严密的结构之中。这个事实对我造成的冲击延续到现在。

我一下子明白了每个月都被教育贷款追着跑，生活变得苦不堪言是有原因的。这并非个人的错，但为什么我会对社会感到抱歉呢？

大学的朋友说："儿童贫困问题真的存在吗？既然贫困，又何必非要上大学呢？"次男虽然落榜了，但是他有明确的目标。小学的时候他患上了发展障碍，连阅读文字的能力也没有，即使是这样，他也一步步地成长起来了，为了自己的梦想努力考大学，如果是父母的缘故让他放弃梦想，这未免也太残酷了。

一位妈妈友[1]得知长男从一部上市公司[2]辞职，用半年时间去美国徒步登山，问我："黑川，这样好吗？你又不像我们有年金，有老公，生活完全没问题。你儿子辞去工作真的没问题吗？"我同不同意都没用，这完全是长男的想法，这是他的人生。

这就是世俗对单身母亲的偏见和认知，我们只能将生活的苦水一饮而尽。但是，我们的苦难是有原因的。日本

---

[1] 女性以育儿为契机结识并建立起友谊的其他孩子的妈妈。
[2] 在东京证券交易所一部（东证一部）上市的公司。东京证券交易所于 2022 年 4 月改组前共有 4 个板块，其中东证一部是级别最高的市场。

的政策没有为不依靠男性扶养的女性留出生存空间,这才是造成单身母亲和单身女性贫困的元凶。

太令人气愤了!这不合理的制度气得我发抖,我写了一篇文章投稿到 AERA(2018年2月19日号,朝日新闻出版)。编辑部附上的标题是《孩子超过18岁便陷入贫困的单身母亲,为什么不能期望"让孩子受教育"?》。

就是!为什么单身母亲让孩子上大学要遭遇如此多的困难呢?揭露其中的结构之恶,是本书的目的之一。

神原女士预测出一个可怕的未来:

"以前,造成高龄单身女性出现的主要原因是丧偶,以后应该是离婚吧。如果这样的话,结束育儿后的单身母亲跌入贫困会成为越来越突出的问题。"

等待我们的将是一个怎样的未来呢?为什么在我们面前只有一个既定的未来呢?让我们通过这本书仔细探究一下其中的结构。

## 社会的儿童

接受采访的六位单身母亲的生存状态是本书最重要的内容。我希望通过描写她们为了孩子努力生存的状态,建立起当事人之间的连接,得到更多人的支持。

据说,韩国有"单亲家庭"理解教育。通过了解单亲在养育孩子的过程中面临的困难,来发动全社会支持单亲家庭,举全国之力营造这样的氛围。

韩国的支援政策在本书中有所提及,越了解韩国的支援政策，我就越深切地希望日本能变得像韩国那样。希望本书能推动日本社会朝着所有人都认可并支持单亲家庭的方向转变。

我必须强调这绝不仅仅是单身母亲自身的问题。女性被社会和制度分裂是我们生存困难的原因之一。和男性相比，诸多情况对日本女性不利，如果日本女性之间能够超越立场建立连接的话，一定可以改变些什么。

对于男性来说，也是一样的。只有认可家庭和生存方式多样性的社会才能让每个人都自在地生活。希望男性可以倾听单身母亲的声音，她们也是构成社会的重要一员。这个国家将女性分裂，构建以男性为顶梁柱的家庭，对于男性来说不也是一种束缚吗？

希望我们的社会能够承认彼此的多样性，大家都更轻松自在地生活。希望建设一个儿童是"社会的儿童"（法国的哲学理念，后述），由大家共同抚养的社会。希望遇到志同道合的伙伴。接下来是本书的正文部分。

# 第一章

育儿之后的未来

儿童贫困问题由来已久。根据 2020 年 7 月发布的《2019 年国民生活基础调查》显示，2018 年的儿童（17 岁以下）贫困率为 13.5％。虽说与 2015 年的调查结果相比改善了大约 0.4％，但是每 7 个人中仍有 1 人处于贫困状态。

2013 年，国家制定了《儿童贫困对策推进法》，儿童贫困的事实被看见，但是社会的目光仍未抵达"现实"。

此前发生的一次风波可以证明这一点。在一档讲述女高中生贫困的电视节目中，人们看到她"有手机""和朋友一起吃午饭"就严厉斥责她"哪里贫困了"，在社交平台上声讨女高中生，事件迅速蔓延，导致大量批评出现，还人肉出她的住址，深深地伤害了鼓起勇气站在摄像机前的女高中生。参议院议员片山皋月加剧了这场风波，她在推特上批评这个女高中生，甚至要求播放节目的 NHK 给个说明。

为什么会发生如此荒谬的事件呢？

这源于不能区分"相对贫困"和"绝对贫困"，也就是说是因为对贫困的"无知"。"相对贫困"指的是这一家庭（户）的收入没有达到国家的等价可支配收入（全部家庭成员的可支配收入除以家庭人数的平方根得出的数值）中位数的一半，也就是低于国家或地域的相对标准，和大多数人相比处于贫困状态，并不是没有食物没有家，缺乏人类最低限度的生存条件。后者属于"绝对贫困"。另外，"可支配收入"指的是除去税金之后的收入。

"相对贫困"指的是没有足够的钱选择自己希望的人生道路，或在学校买不起电脑这类必需品，总之是比一般的家庭更加贫穷。当今时代，高中生几乎人手一部手机，为了去演唱会也可以勤工俭学。因此判定一个孩子没有处于贫困状态，只能说对他人的处境缺乏基本的理解和共情，我认为应该感到羞耻。

以女高中生为代表的"儿童贫困"其实就是"父母贫困"。根据此前的调查结果显示，相对贫困家庭占全体的15.4%。聚焦育儿一代的话，"有孩在职家庭①中大人超过两人"的贫困率为10.7%，而"有孩在职家庭中大人只有一人即单亲家庭"的贫困率高达48.1%。

单亲家庭的贫困问题非常突出，大约86%的单亲家庭是母子家庭，可以想象单身母亲的贫困问题有多么严重。也就是说，每两名单身母亲就有一名陷入贫困状态。

根据此前的调查，母子家庭的平均收入为306万日元，其中86.7%的母子家庭称"生活十分艰苦"。

国家置将近九成的单身母亲生活困难于不顾，仅仅依靠疫情期间发放的几次补助金就想草草了事，这在发达国

---

① 在职家庭指户主超过18岁未满65岁的家庭。

家（日本配得上这样的称号吗？）中绝无仅有。和 OECD（经济合作与发展组织，简称经合组织）各国相比，日本的儿童大约每 8 人中就有 1 人生活在单亲家庭中，和 OECD 各国的平均值相当。看单亲家庭的就业率的话，日本单亲家庭的就业率超过 80%，在 OECD 各国中属于第一梯队。母子家庭的就业率更是高达 81.8%。

另外，如果比较"相对贫困率"的话，丹麦占比最低，为 9.3%；贫富差距较大的美国为 45.0%；日本为 50.8%，超过以色列和智利，在 OECD 各国中位居第一（2014 年，OECD 调查）。

日本的单身母亲是全世界工作最努力却最贫困的群体。这些数字客观地显示出，在其他国家可以达成的事，这个国家却无所作为。

在日本，单身母亲不仅要工作，还要抚养孩子。不管工作多么努力都无法轻松地生活。这是因为单身母亲个人的懒惰吗？断然不是。我想重申一下，日本的单身母亲是全世界工作最努力的人，还想让她们怎么样呢？

所以，首先请倾听一下单身母亲们的声音吧。

下面登场的三位单身母亲年龄都在 50 岁到 60 岁之间，孩子终于就要或已经抚养成人了。那么，横亘在她们面前的是怎样的现实呢？

## 水野敦子：为什么我会背负多重债务？

她下定决心似的抬起头，放在膝盖上的双手紧紧握住，显示出她的决心。

"原因是教育贷款。到最后,我不得不宣告个人破产。"

水野敦子(化名,56岁)说完,咬了下嘴唇。她瘦高个,妆容自然,衣着朴素,说话的时候直视人的眼睛,看起来是一个认真的人。

没想到会从眼前这个楚楚动人的女人嘴里说出"个人破产"这个词……而且,是第一句话。我印象中破产的人都是不太靠谱的人,实在没有办法把这个词和水野敦子划上等号。

18年前,水野敦子遭遇丈夫出轨,决定离婚。当时,长女上小学二年级,长男4岁。

水野敦子和丈夫经营着快乐和睦的家庭,丈夫溺爱孩子,每到休息日的时候,就会开车带全家出去旅行,为全家做饭。两个人也会单独出去吃饭,过二人世界。当时的水野敦子深信她会和丈夫这样生活一辈子。

"我爱我的丈夫。没想到他会对我说,'我有喜欢的人了'……这无异于宣告我对他来说是毫无价值的人。"

敦子被伤害得体无完肤。

"即便这样,我也尝试过挽回我丈夫。我开始做便当,减轻丈夫照顾4岁儿子的负担。但是,丈夫继续瞒着我和那个女人见面,我心力交瘁,实在无法忍受。"

于是,敦子和丈夫分居。她和丈夫约定,在离婚之前,丈夫以"婚姻费用分担"的名义支付生活费,因为和丈夫一起居住的公寓房租太过昂贵,敦子开始寻找工作和新的住处。

房产中介一听说是"母子家庭"就眉头紧皱,面露难色。孩子太小,敦子也不方便找兼职,只能去便利店打短时工。

敦子毕业于四年制大学,毕业后在一部上市公司工作,结婚后辞职,几年前做过兼职来贴补家用。考虑到"103万日元壁垒"(在第二章说明),在丈夫扶养的框架内劳动更有利。

只是既然离婚了,事情就另当别论。敦子尝试过找正式员工的工作,但是因为离职时间过长,加上孩子太小,没有找到。

只要看到简历,面试官就会面露难色:"孩子太小哇!""你孩子生病的时候,要是有人照顾就姑且不论,如果每次都要请假,公司这边很难办啊。"

敦子的父母住在老家,很难帮她照顾孩子。经济上也无法依赖父母。不过,幸亏有父亲做保证人,敦子租到了2DK①的房子,房租每月6万日元。

一个熟人不忍心看到敦子的窘境,让她来自己经营的设计公司打零工,每周工作5天。照顾到墩子的长男年幼,熟人给她安排的工作时间灵活,下午6点下班,时薪1200日元,比超市收银员的时薪高多了。

虽然敦子尽力克服不稳定的精神状态,咬紧牙关,奋力挑战不习惯的工作,但是不久之后还是遭到了同事的白眼。

---

① 2DK 指两间房间、一间饭厅(Dinning room)、一间厨房(Kitchen)。

"大家都工作到地铁末班车才下班,我下午 6 点就下班,被别的同事责备'你也要工作到地铁末班车!'。我做不到。晚上让孩子们自己度过,无论如何都不行,再说了,长男的状态也不稳定。"

父亲突然消失,母亲早出晚归,面对家庭的剧变,长男反复尿床,频繁吮手指。

辞去设计公司的工作后,敦子决定在同为单身母亲的妈妈友工作的高尔夫球场当球童。因为是女性的职场,加上年长女性居多,年轻的敦子很快得到了这份工作。

虽说运气好的时候经常遇到四人一组四个球袋,能拿到 20 万日元,但也有因为孩子生病请假只拿到 10 万日元的情况。

"即便这样……"敦子说,"那个时候,每月有 4 万日元左右的儿童抚养补贴,1 万日元左右的儿童补贴,医疗费免费,水费免除基本费用,提供有偿的垃圾袋、都营[①]交通的免费券,在福祉网络的支撑下,虽说是走钢丝的状态,但也能够维持生活。入住都营住宅对我来说帮助也很大。"

长男小学入学的时候,敦子偶然住进了都营住宅,房租每月 2 万多日元。

"对了!"敦子抬起头说,"那个时候,前夫还支付抚养费,一个孩子 3 万日元,两个孩子 6 元日元,每个月汇入我的账户。"

---

[①] 日本一级行政区有 1 都(东京都)、1 道(北海道)、2 府(大阪府、京都府)和 43 县。"都营"即由东京都政府运营管理。

离婚的时候，敦子自掏腰包请了律师。律师提供的建议是："与其申请精神损失费，不如让他支付在孩子成为社会人之前的抚养费。后者才是明智之选。"

律师作为代理人和前夫交涉，前夫答应了请求，承诺在两个孩子成为社会人之前，给每人每月支付3万日元。

义务教育阶段，有"就学援助制度"，适用于儿童抚养补贴领取者、生活保护①领取者、低收入家庭等。这项制度支付学习用品费、餐食费、校外活动费、修学旅行费等费用。小学和初中入学时，新入学儿童的学生学习用品费也会额外支付。

中学制服是一笔不小的费用，敦子好歹凑齐了。孩子们的义务教育阶段，在抚养费、儿童抚养补贴以及其他支援的基础上，仅靠球童的工资，生活也勉强过得去。

"周末的工资高，我周末也去工作，孩子就交给同是单身母亲的妈妈友帮忙照看。虽说是在外面工作，但也不算辛苦，只是什么样的客人都有，服务客户的工作很费神。"

无论炎炎烈日的酷暑还是雨雪纷飞的严冬，敦子都尽心尽力地工作。每天工作结束后累得想瘫倒在床上，但是不能这样，必须得买东西、做饭、给孩子洗澡、做好明天的准备之后才能睡觉。即便这样，和孩子们的生活还是给敦子带来了安宁。

"两个都是好孩子，姐弟之间的感情很好，看着喜剧节

---

① 生活保护制度，是指对生活贫困的人，根据贫困程度给予必要的保护，保障其健康、文化的最低限度生活，以促进自立为目的的制度。

目，三个人一起哈哈大笑。就算爸爸不在，三个人也能这样幸福地生活真好！"

考学让生活急转直下

谨小慎微的生活急转直下。

长女学习成绩好，考上了公立高中，敦子用自己的收入和抚养费交了学费。但是，想学经济的长女没有考上国立大学，在家复读了一年。复读一年后还是没有考上国立大学，就去了私立大学。其实，那个私立大学才是长女想去的学校。反正现在国立大学学费高了，都快赶上私立大学了……

"虽说加入了邮局的学资保险[①]，生活费不够的时候可以从里面取储蓄金，但是入学金得接受融资。"

从第二年开始，长女靠着借来的奖学金[②]和勤工俭学赚来的钱交学费从大学毕业了。

"只是长女的话，还没什么问题。"

长女从小学开始学习成绩就不错，顺利长大，考进了理想的大学，一次补习班也没上过。问题是长男。长男小学时候遭受了校园霸凌，因此初中时，敦子把他送进了一对一补习班。

---

[①] 学资保险从保险种类来说属于"儿童保险"，是以确保存储教育资金为目的的具有储蓄性质的保险。

[②] 日本的奖学金分借贷型和发放型两种，一直以来的主流是借贷型。日本政府2018年才正式引入无需偿还的发放型奖学金。

"家里没有成年男性,长男又有被校园霸凌的经历,只依靠老师我不放心。所以我借了大概 70 万日元的信用卡贷款让长男去上了补习班。"

这个补习班改变了长男,显著地提高了长男的理科成绩,让没有自信、成绩不好的他变得有自信。于是,长男报考了和姐姐一样的高中。

可惜的是,考试失败,长男只能进入私立高中。

从那个时候开始,抚养费从经常延期到完全不再支付,敦子给前夫打电话,要么被他忽视,要么被他搪塞:"什么?然后呢?"

"我觉得自己受到了侮辱,不想给他打电话。离婚时候的心理创伤又被唤醒了。"

于是,敦子利用自治体①的"母子父子寡妇福祉资金贷款制度"借了 150 万日元交了学费。那个时候,敦子的堂表亲为她做保证人,所以没有利息。形式上是 15 岁的长男制作印章证明以自己的名义借这笔钱,其实还款的时候从敦子的账户中扣除。

"高中三年是怎么凑够每年学费的,我已经记不太清楚了。只记得当时很辛苦,也有和学校商量延期缴纳的时候。长男没能去成二年级的滑雪旅行和三年级的修学旅行。因为没有积蓄,私立的学费就显得格外高。滑雪要去北海道星野 Tomamu 度假村呢。"

即便如此,长男仍非常积极地参加篮球俱乐部活动,

---

① 日本的自治体相当于中国的地方政府。

还有了想当兽医的梦想。

那个时候,长女大学毕业,成为一部上市公司的正式员工。前夫为了庆祝长女入职,在商场买了意大利制的西装、包、鞋子和手表送给长女。

"大概花了有30万日元。为什么不把钱用做长男的学费?买那么奢侈的东西,长女明明不需要。"

**母子家庭的孩子不能去上大学!**

高中毕业后,长男两次复读。第一次复读按照长男的意愿去了预备学校①上学,第二次在家复读,就这样度过了奋力备考的两年。敦子借了100万日元的"国家教育贷款"用来缴纳预备学校的学费。

"国立大学的兽医学部很难考。长男每天都不出去玩,非常努力地学习,结果考进了私立大学的应用生物学科。当然了,这也是长男理想的大学。"

敦子再次从"国家教育贷款"那里借了200万日元,用做入学金和学费。长男和姐姐一样,都用奖学金和在补习班当老师的钱交了学费。

敦子定定地看着我说:"两个人的学习成绩都很好,为了高考努力学习,考进的都是有名的私立大学。我实在说不出'家里没钱,高中毕业后就去工作吧'这种话。"

敦子的眼眶湿润了。

---

① 预备学校指的是提供各种应试辅导特别是高考辅导的教育机构。

"因为我最大的目标就是将孩子培养到能自己选择人生的时候。为什么就不行呢？为什么不被允许呢？难道母子家庭就不能期望这些理所当然的事情吗？"

敦子悲痛的诉说是再正常不过的事。长男过了18岁之后，儿童抚养补贴、医疗费免除、水费基本费用免除、提供垃圾袋……这一系列福祉通通没有了。

从这个时候开始正是要花费教育费的时候，但是母子家庭的福祉保障完全消失了，支撑家庭的安全网一下子被切断了。

"这就等于被国家宣告'母子家庭的孩子不能去上大学！'。"

## 家庭经济崩溃

自从拿不到儿童抚养补贴之后，敦子每月便不能如期还款。不管怎么央求前夫，前夫既不支付抚养费，也不支付学费。每个月失去4万日元的儿童抚养补贴，对家庭经济来说是致命的打击。原来水费也是一笔不小的费用，这还是第一次知道，垃圾袋的费用同样不可小觑，医疗费更是占绝大部分。长男在篮球比赛中跌倒，膝盖的前十字韧带断裂损伤，受了这么重的伤却没钱给他做手术。

"长男挂了两个月的拐。虽然一直很疼，但他没有任何怨言，也没有跟学校请假。3个月后，长男能正常走路了，结果在学校打篮球的时候手腕舟状骨又骨折了，所幸这次医疗费被免除，马上安排他住院做手术，3天后就出院了。"

再加上，高尔夫球场不景气。在同一个球场转来转去，全都是两个球袋。收入一直在减少。到了 50 岁，敦子的身体就出现各种毛病了，休息日也变多了，没法像 20 年前那样休息日也工作了。

沦为"落伍者"的那天

敦子每个月还教育贷款的金额高达 15 万日元。球童的收入还贷之后几乎没有剩余。于是，她用小额贷款填补生活费，购物刷信用卡。当然，结果是不仅要还教育贷款，每个月的还款金额也在不断上涨。

不久之后，敦子用现金还款就变得困难了。

"我已经破罐子破摔了。一边觉得肯定会破产，一边用小额贷款还款。"

敦子用别的卡的小额贷款套现，为了赶上还款日，天天都在走钢丝。

"太好了，这次总算是还上了，还没顾得上松一口气，下次的还款日就来了。被还款日催得很辛苦……我不去想自己到底借了多少钱，不敢面对现实。"

超过这张卡的额度之后，就换其他的卡继续借。到最后反正"还有消费金融，没关系"，敦子想。

"看了消费金融的广告，我觉得自己能借到钱，结果哪张卡都借不到。被消费金融的 ATM 拒绝的时候，我两眼发黑。很明显，我变成了背负多重债务的人。"

有一天，敦子的长女把自己的律师朋友带到家里。律师看过所有的借款单之后说："水野女士，您申请个人破产吧。除此之外，没有别的办法了。"

年轻律师对长女和长男说："为了你们，你们的母亲破产了。教育贷款是罪魁祸首。"

说到这儿，敦子的眼泪像断了线的珠子。那是沦为"落伍者"的羞耻和从教育贷款的地狱里解脱出来的释然两者交织的眼泪。

**川口有纱：只是抚养孩子……**

川口有纱（化名，54岁）迎来了黯淡的新年。

"除夕和新年，我都是孤零零一个人，有什么好庆祝的？"

从年末开始，老毛病哮喘变得更厉害了，咳嗽不止，再加上感冒一直发烧，真是厄运不断，祸不单行。

"想来想去还不如死了算了。"有纱开门见山地说。她身材娇小，五官立体，面容姣好。

"作为一个单身母亲，我辛辛苦苦把三个孩子抚养长大，却被前夫抢了去，孩子的补习班费、学费，他可是一分都没出啊。"

29岁的长男和26岁的次男因为找不到其他工作，都在有纱前夫经营的建筑公司工作，从工作到生活都依赖父亲，三个人看起来很团结，新年也是和父亲一起度过的。

新年头三天，唯一见到的是在医疗事务行业有正式工作的28岁的长女。但女儿有男朋友，这三天也不是全部陪在有纱身边。

"前夫家里举行忘年会、年会、家庭旅行和家庭活动,父亲对孩子们说'一定要参加!',孩子们也就去了。和我相比,孩子们现在更常和父亲见面,他们喊前夫的再婚对象'妈妈'。家庭旅行的费用全部由父亲出。父亲还给女儿买了一辆车,这么说来,女儿也不得不去吧。"

养育孩子的理由是什么?一个女人这么拼命是为了什么……越是家庭团聚的新年,有纱越是感到噬骨的孤独。

"孩子们小的时候,前夫对家里所有的事情不闻不问。家庭活动之类的,一次也没有,也从不对育儿提供任何援助。现在,前夫想让孩子们远离我,自己独占他们。"

## 精神暴力

有纱和丈夫交往两个月后怀孕了,随后两个人奉子成婚,都是25岁。

有纱在26岁的时候生下长男,27岁的时候生下长女,接着又生下了次男。她要抚养三个年龄相近的孩子,已经忘记了当时丧偶式育儿有多辛苦。

"三年生三个孩子,丈夫完全不考虑会给妻子带来怎样的负担。"

有纱的丈夫在祖父创建的建筑公司工作,说是"和承包商喝酒",不分昼夜地喝,真是午前大人[①]。休息的时候

---

[①] 指在宴会或者聚会上喝酒喝到半夜12点以后回家的人,是带有揶揄、嘲讽语气的俚语。

去打业余棒球，别说照顾孩子了，一点都不关心有纱。

"丈夫偶尔回家，准备他的饭菜特别麻烦。他吃饭是这样的流程：首先上啤酒，接着是日本酒和日本酒的配菜，然后是茶泡饭和茶泡饭的配菜，饭后是兑了水的威士忌，当然也少不了配菜。有次，喝威士忌的时候，我端上来买的小菜，他数落我'这是什么？这不是小菜！'。他不让我有任何空闲的时候，还用眼神命令我'去拿酱油'，也让我很痛苦。"

现在她才知道，这是精神暴力。但是，有纱当初只觉得麻烦，没因为这个想要离婚。

当时，有纱的丈夫每月给家里 8 万日元生活费，除了房贷和电气费由丈夫额外支付，饭费、酒费、孩子的医疗费和杂费等其他一切费用都从生活费里支出。其中，丈夫每个月的酒费就要花掉一多半，怎样用 8 万日元过完一个月？有纱不得不精打细算，总之那个时候的生活全是痛苦的回忆。这就是有纱身为专职主妇的生活。偶尔因为丈夫的粗暴也会萌生出离婚的想法，但实际上，有纱非常犹豫。

"但是，三个孩子还那么小，我一个人经济上没法支撑……"

离婚的原因是丈夫出轨。丈夫的传呼机进来了一个电话，他猛地把传呼机藏起来，身体不自然地晃动，有纱感到奇怪。

正好那个时候，次男从自行车上摔下来，磕到了头。有纱多次给丈夫打传呼机，希望他开车带儿子去医院，都没有打通。有纱不经意地试着给出现在丈夫传呼机上的那个号码打电话——她当时只是看了一眼那个号码，就记住了——不出意料，接电话的是个女人。

"啊，被发现了？"她说。

丈夫那天回家换衣服，勉强带次男去了医院，把有纱和次男送到家后就立即说"我走了"，那天晚上，没有回家。

"就像是卸下负担一样，说走就走了。我没有驾驶证，怕次男有什么事，一会儿都没有休息。"

第二天早上，丈夫回家问了一声"儿子没事吧"。有纱对他说："你昨天晚上和女人在一起吧，我知道你在外面有女人。现在，回你的老家去！马上从这个家里出去！"

感到很震惊的丈夫没有马上从家里出去，接连好几天在外面换着店喝酒，对有纱来说和不在这个家里一样。有纱对他已经没有任何留恋了。

预料到要离婚的有纱考取了驾驶证。拿到驾驶证的那天，她开车来到家庭法院，申请了离婚调停。

"我说我可以净身出户，只要离婚……"

经过三次调停，离婚协议达成。没有精神损失费，三个孩子的抚养费每月合计 6 万日元。

"调停的时候，前夫带来了收入流水。月入 50 万日元，每个月却只给家里 8 万日元，说是'每个月要还给公司 30 万'，还拿出相关的证明书。他怎么说都行，反正是自己家的公司。"

迈出新的一步

离婚后，有纱马上带着孩子从家里出去了。房子就算卖了,也都是欠款。前夫说"你要是还房贷的话,房子就给你",房子离前夫的公司很近,有纱不想住在那里。她申请了公营住宅,却落选了。找房屋中介的话,就不得不面对"母子家庭被拒绝"的潜规则。

"我对他们说我的父亲可以做保证人,但不管去哪个房屋中介都是被拒绝。功夫不负有心人,终于找到了可以租住的房子,房租每个月9万日元,虽说贵了点,但是没办法。"

母子四人终于有了新的生活据点。长男、长女、次男分别上小学四年级、小学三年级、小学一年级。有纱从专职主妇变成了家里的顶梁柱,那个时候她35岁。

有纱在护理学校学习过,于是就在附近的医院当看护助手。兼职时薪800日元,这点工资不能维持生活,有纱还自学技术,有偿制作网页。

"我做专职主妇的时候中奖了一台计算机。那个时候计算机还不太普及,没有制作网页的软件,会用HTML语言写网页的人也很少。我自学了HTML语言,大概两个月制作一个网页,能拿到30万日元。那时候订单还挺多的。"

儿童抚养补贴帮助很大。当时每年发3次,4个月的金额合在一起发,3个人大概20万日元,有纱把它存起来了。前夫也按照法院的规定每个月支付6万日元的抚养费。

有了一笔积蓄之后,有纱决定去指压师的学校学习,因为不知道制作网页能做到什么时候,看不到未来。她选择的是不收入学金、学费36万日元的专科学校。为了考取指压师国家资格证书,她上午去医院工作,下午去学校学习,就这样,过了一年。

"因为是我喜欢的工作,所以学起来挺享受的。我的梦想是自己创业,先去工作积累经验,之后就准备创业了。"

3年后,有纱租了郊外的一间房间,创办了一个疗愈场所,仅对女性开放。作为一名指压师,不仅要放松身体,也要疗愈精神,治愈心灵上的疲劳,有纱迈出了新的一步。

和父亲见面交流

"孩子们的义务教育阶段没什么问题,但是三个人都上了私立高中。长男没考上公立高中;次男初中不去上学,没办法,进了私立高中。女儿自己决定去了想去的私立高中。"

长男的学费加上修学旅行费,每年100万日元。有纱和前夫商量,被他拒绝:"怎么就没考上公立高中呢?是你教育失职,关我什么事。"

有纱实在没办法,向姐姐借了100万日元。

"我拼命工作,一边慢慢还姐姐的钱,一边挣学费,就这样支付了高二和高三的学费。有儿童抚养补贴和做网页的积蓄,还能支付。"

比长男小一岁的长女选择的高中学费一年55万日元。

"当时,我借了县政府的母子贷款,没有利息。次男也使用了这个贷款。次男和长男上的是同一所学校,学费也是一年100万日元。"

有纱借了母子父子寡妇福祉资金贷款制度里的"修学

资金"。

三个孩子出生之后就立即加入了邮局的学资保险,但是前夫买房子的时候全部用来作了首付。

"如果学资保险没有解约,我还轻松一点。三个人的满期保险金有500万日元,如果有这个钱的话……"

母子贷款的保证人是有纱的前夫,保证人收入栏写的数字是"月收入600万日元"。

"我很惊讶,对孩子说'是不是写错了?跟爸爸确认一下',结果没有错。收入这么高,却不支付孩子的学费。"

不过那个时候,只靠有纱的收入可以应付得过去。推拿沙龙的常客慢慢增多,逐渐走向正轨。有纱节省开支,拼命存钱。40多岁,从事着高强度的工作,有纱完成了不可能完成的任务。

因为是单身母亲家庭,有纱不想给孩子们留下悲惨的记忆,她只是想给孩子们提供和有父母的家庭同等质量的生活。

"离了婚,我在精神上很放松,但是孩子们很叛逆,特别是次男……"

次男好不容易考上高中,结果却不去上学。

"他是个傻瓜,戴耳环去学校,被老师训斥'摘掉耳环'之后,经常请假。但是,社团活动倒是一直参加,不过被顾问怒骂'既然不上课,就别来社团',从那开始,他就彻底不去上学了。这是第一学期的事。好在次男的贷款只有第一年的100万日元。"

由于种种不如意,次男整日郁闷暴躁,愤愤不平。

"次男在墙上挖了很大的洞。我不工作的时候和他两个人在家,像在地狱般痛苦。我只能安慰自己说他现在处于叛逆期没办法。但是现在想来,三个孩子表达得最多的是次男。"

次男打工之后,才终于平静了下来。

另外,长男也有别的烦恼。高中毕业后,他准备上私立大学的经济学部,学费一年110万日元。这次也是借了母子贷款。

"个体经营的收入没有那么多,我借了最高额度。那个时候的110万日元乘以4年份,我现在还在还款中。次男打工还上了高中的学费,女儿现在正努力还大学的费用。"

有纱想为什么只有长男……长男上大学的4年比较贪玩,中途退学没能毕业,去哪里都找不到工作,结果作为继承者去他爸爸的公司工作了。他现在已经结婚有小孩,买了房子,他爸爸付了首付。

"我跟长男说了很多次让他自己还大学学费,长男坚持说:'我不想上大学,本来就应该父母交学费啊。'学费是以我的名义借的,无论我愿不愿意,都得从我的账户里面扣掉。"

有纱怀疑是自己的教育方式不对,又或是孩子们和爸爸见面交流起了坏作用。她突然想起来,前夫虽然不支付学费,但偶尔邀请长男和长女吃大餐,给10万日元的零花钱,还一直给他们买喜欢的东西。

"长男喜欢去见他爸爸,次男从来不去。不去就没有零花钱。次男之前工作的公司是黑心企业,没办法,找不到别的工作,现在才在他爸爸的公司工作。"

抛弃拼命工作的母亲

有纱怎么也没想到，孩子们自立之后她会陷入经济贫困。

孩子们找到工作后陆续搬到了离公司近的地方居住。有纱也搬到了单人公寓生活，搬家时发现此前居住的房子的修缮费用高达70万日元。

"我都不敢相信自己的眼睛。不仅次男，长男为了排解失恋的怨恨也在墙上挖洞，弄坏浴室的门。两个儿子还经常邀请很多朋友过来，在卧室吧嗒吧嗒地抽烟，家里的壁纸不得不全部换掉……"

有纱一次性付清修缮费用后，手上没有了积蓄。再加上推拿沙龙的客人不断减少，店里的经营状况低迷。卸下养育孩子的负担的同时，支出一下子增加了，主要原因是政府不再提供母子福祉的支持。

"没有了儿童抚养补贴，支出增加了。医疗费补助没有了，纳税申报和抚养扣除也没有了，要交的税额增加了。至今减免的国民年金现在要交了，国民健康保险的金额也陡然增加……孩子成年后，所有的支出都在增加。身为母子家庭，和三个孩子一起生存下去已经拼尽了全力，没有余力去考虑失去母子福祉之后的生活。现在后悔也没用了。"

失去全部的福祉是一个很大的打击。为了还长男的贷款，有纱压力很大，而且工作每况愈下。

"工作收入很不稳定，没钱的时候我就使用卡贷，比如说这个月的房租不够的时候。以前我用信用卡购物，但不会借卡贷，还觉得很自豪。"

因为流感，很多客人取消了预约，收入就很不理想。住所和沙龙的房租一共10万日元，有纱顾不了那么多，只能用贷款支付房租，但分期付款留下了盲点。

"我是当月购物当月支付，为了不拖到下次，我参加了自动分期付款赠送几万日元积分的活动，但没想到利息那么高。我注意到的时候，已经过去了一年。现在是本金没有减少的情况下，一直在还利息的状态。"

在信用卡的还款日还上可用额度后，有纱接着用卡贷，然后还款。每个月的还款在膨胀，借的钱不断增加。

没想到五十过半，等待有纱的是这样的生活。她身体也大不如从前，无法再像以前那样工作。

"长男对我说：'你年轻能工作的时候，怎么不为老了以后存钱？'我说：'母子家庭，怎么可能存下钱？'这就是现实。'你从你爸那里拿零花钱，不觉得穷，你那个爸可是连学费和补习班费都一分没出啊！'哎，我现在后悔了，必须得让孩子们看到妈妈的辛苦啊……"

那个年代，离婚没有年金分割①，私立高中的学费还没有免费。

"在最困难的时期组成了母子家庭。结果，拼命工作的母亲被抛弃，只能自己想办法。"

微小的支持来自女儿每月给的3万日元。但是女儿快要

---

① 年金分割是指离婚时，夫妻双方根据婚姻期间缴纳的保险金额分割厚生年金，划分为各自年金的制度。该制度从2007年4月开始实施。

结婚了,也需要为自己存钱。有纱不能一直这样依靠女儿。她越想越后悔,想自己努力挺过这一关,现实却是陷入借贷的恶性循环难以脱身。

"我从来不浪费,我只是抚养了孩子……"

为什么这个国家的单身母亲只能面对这样的未来?有纱控诉其中的不甘和荒谬是再正常不过的事。

**渡边照子:用单身母亲的身份进行战斗**

2019年7月12日,黄昏时分的品川车站港南口被围得水泄不通,身为令和新选组①代表的山本太郎正在为参议院议员选举举行街头演说。在10个候选人里打头阵拿着话筒的是渡边照子(60岁),她挥起拳头,大声喊道:"我是单身母亲、派遣劳动者,身为'贫困的综合商社',我决心贩卖贫困,突袭国政!"

"照子女士!太棒啦!"

围观的人群被当事人强有力的呐喊感染,纷纷给予热烈的支持。政治能够扎根于单身母亲的声音之中,这是一个实实在在的希望——作为围观人群中的一员,我如此确信。虽然"突袭国政"被暂时搁置,但照子的发声代表了希望,这一点没有改变。

2020年1月末,我采访了渡边照子。那个时候,疫情

---

① 令和新选组是演员、政治家山本太郎于2019年4月建立的左翼政党,主张废除消费税、提高儿童补贴、大学教育免费、脱离核电等。

还没有席卷日本。照子身穿简单的服装,用"令和颜色"的粉色作为配色,笑容质朴又温暖。

照子现在和患有认知障碍的 90 岁母亲在新宿区的老家生活。

"如果是租房,肯定没法在那样昂贵的地方住,好在房子是我们自己的。虽然从泡沫经济时期开始,土地所有者就要求我们搬离,但土地是按照旧借地权租借的,所以只要向法务局委托保管地租,就不会被赶出去。不过,土地上的建筑物坏掉的话,就会丧失借地权,因此我们很担心,毕竟是老房子了。"

照子 39 岁的儿子和 36 岁的女儿生活在埼玉县。儿子是派遣劳动者,单身。女儿是银行的合同工,和做护理工作的正式员工结了婚。两人都住在埼玉县,因为那里的房租比东京便宜。

女儿和丈夫是丁克一族。两个人都在工作,也仅仅能够维持生活,没更多的钱来养育孩子。

"女儿跟我说:'妈妈,对不起,没能让您看到外孙。'她不打算生育。至于儿子,结不了婚,没有结婚的条件。所以,我说的'贫困的综合商社'不仅指我自己,还有贫困会延续到下一代的意思。"

儿子虽然上过大学,却因为过度打工留级,后来退学。他想成为正式员工,却只能从事派遣劳动,结婚更别指望。女儿夫妻两个人都工作,却无法养育孩子。虽说她的丈夫是正式员工,但是护理是非常劳累而且工资很低的工作。

为什么现在社会变成了这个样子?为什么明明在很努

力地工作却过不上"普通"的生活?照子进军政界不仅是为了自己,也是为了传达贫困传递到孩子一代的荒谬。

### 抱着新生儿露宿街头的时期

照子说:"我的情况稍微有点特殊。"岂止是"稍微",照子生产的情况我在其他女性身上从来没见过。

照子还是大学生的时候和一名男性私奔,在大阪西城的贫民窟等地开始了露宿街头的生活,在这个过程中怀孕了。

孩子的父亲平时不工作,只是偶尔做一些日结的工作,连简易旅馆都没钱住,更别说去医院做产前检查了。

"我那时肚子变得很大,走路摇摇晃晃,热心人让我住在了他们家。就这样第二天早上,孩子一下子出来了。与其说是生出来的,不如说是蹦出来的。"

生产过程堪称奇迹。为了不给那户人家添麻烦,产后第三天,照子就抱着孩子继续过露宿街头的生活了。当时是冬天。那个时候他们没有去医院,连孩子的出生证明也没有办理。

"我抱着孩子,用体育座①的姿势睡觉,像半个流浪汉。其他的人准备了纸箱,盖上被子睡觉了。我连纸箱都没有,我们还年轻,按理说应该有能力准备这些。"

为什么孩子的父亲不能保障产妇和新生儿有一个容身之处呢?只要工作就可以实现。即使是这样,照子还和那个男人在一起。

---

① 体育座是一种将臀部放在地面或地板上,膝盖抬起,双臂抱住双腿的坐姿。

两年后，照子又怀孕了。奇迹没有再次发生。生产日那天，他们用仅剩的一点点钱在5000日元一晚的宾馆住宿，在床单上面铺上塑料布，在那里生产。

"说起来，我们没有请医生诊断过，具体怀孕多少周我也不知道，只是身体感觉应该是那天，于是就自己生产了。"

手里只剩下500日元，照子抱着新生儿又开始了露宿的生活。她把上一个孩子的衣服层层叠叠地包成襁褓为婴儿御寒。

"'婴儿怎么办？'我很担心我们母子三人会冻死在街头。幸好孩子总算是挺过去了。"

流浪生活迎来第五年的时候，照子和男人失散，就回了老家。因为能抚养孩子的地方只有老家了。

## 最低等级的母子家庭

回到老家的照子受到来自家人、亲戚和朋友的责备。

"婚姻失败，和完全不知道是什么底细的男人生了两个孩子……"

"为这种人负责，对我们来说是负担。"

照子以为家人和朋友能够理解，但是他们看她的眼光发生了180度大转变。

"在家的时候，父母和妹妹说我是'保姆'，找我的茬。最让我伤心的是，父母不爱我的孩子。再怎么说，孩子没有错啊。"

幸亏照子高中时学过女性主义思想，经受住了这些打击。"个人的事情就是社会的事情",受这句话的鼓舞,她对自己说,这不是一个人的问题。

突然有一天,孩子的父亲来找照子。照子的父母把他安置在公寓里,给他找工作。但是,男人没打招呼就消失了。自那以后,再也没有男人的消息。就这样,照子成了单身母亲。

"母子家庭也分等级,第一等是丧偶的母子家庭,其次是收取精神损失费和抚养费的离婚母子家庭,像我这样丈夫失踪的母子家庭处于最低等级。"

因为男人失踪,照子受到家人更猛烈的责备。

"和那种不靠谱的男人生孩子,你带着孩子滚出这个家!你也去死吧!"

"我不会死,我要是死了谁养育孩子?我不会死的!"

照子拼命保护孩子。

"谁都不能信任,虽然我很受伤,但是拼命战斗过了。"

## 重度抑郁

为了出去工作,照子不得不把孩子放在保育园。如果孩子们没有户口,就没法享受福祉的服务,于是照子去给孩子们上户口。

"法务局要求我证明是我自己生的孩子,但是我没有任何证明。于是,我态度强硬地带着孩子们到法务局,对他们说:'看!这就是我生的孩子!'法务局的员工回应:'了解了。这是你的孩子啊,好的,我给他们上户口。'不知道为什么就这样一下子解决了。"

照子一边在超市打工,一边找工作,非常幸运地找到了在公立保育园做午餐厨师的正式工作。

"虽然是公务员,但不是一般的公务员,是工资最低等级的现业①职。从25岁开始,做这份工作的5年间,我遭受了同事们严重的霸凌。"

午餐厨师的工作环境是只有女性的封闭职场。刚入职时,照子跟她们打招呼,她们这样回应:"你就是那个被男人抛弃的女人吧?"

照子不仅遭受了语言的暴力,还被她们用厨房用具殴打,每天鼻青脸肿。她向园长控诉,园长说"是你不坚强",埋怨被霸凌的一方。

"这样的骚扰,我一直忍受到最小的孩子从保育园毕业,忍受了5年。一到星期日的晚上,我就肚子痛。职场环境很恶劣,只有待遇还不错。"

孩子们一上小学,照子立马辞职,下一份工作是生命保险的销售。

"比起午餐厨师,和人面对面交流的工作更适合我,比如给予客户无微不至的关心、满足客户的情感需求等。只是这份工作不稳定,也有指标,挣得不多。"

照子打三份工。另外两份工作是进口酒的委托贩卖和

---

① 现业指在国家以及地方公共团体中从事非权力业务的工作,主要职务包括公交车司机、清洁工、垃圾场工人、学校看门人等。根据市政府的不同,有时学校午餐厨师、保育士也包括在内。

受广告公司委托制作促销工具。这三份工作在时间上方便协调,可以利用碎片时间去做。

"三份工作都很有趣,可以直接和各种各样的人面对面交流,广泛接触社会,很适合我。只是工作太过劳累,我病倒了。"

35岁的某一个早上,照子正要起床,后背像有个铁板一样动弹不了,无法呼吸。她被救护车紧急送往医院,住院一个月,但没查出来具体得了什么病。过劳是倒下的原因。

出院之后,照子出现了典型的抑郁症症状:没理由地哭泣、无力、没有精神、不能起床也不能走路,去洗手间只能像蜈蚣一样爬着去。这种状态持续了一年。

"我不得不辞去工作,到那时为止存下的教育费全部花光了,没有失业保险,没有领取儿童抚养补贴,还要支付医疗费。当时我觉得即使没有补贴,也可以靠自己的力量抚养孩子们,谁知道没能持续下去。"

那个时候照子患上重度抑郁,现在看来是理所当然的事。被迫开始流浪生活本身就是一种家庭暴力,为什么那个男人让母子几人在冬天受寒受冻?为什么他不努力工作,为妻儿提供一个像样的住所?照子回到老家后备受家人打击,在学校厨房又被同事霸凌,接着不顾自己的身体同时做三份工作。就这样,身体怎么可能不出问题呢?

让照子摆脱抑郁获得新生的是派遣工作。

"40岁之前,我一直在寻求安定的工作,那个时候,终于遇到了派遣工作。"

## 抗议派遣劳动

2001年,在企业工作的熟人联系照子,寻求帮助。

"一名做派遣工作的女员工突然辞职了,现在需要一份紧急的报告书,你想换工作吗?能不能帮帮忙?"

照子答应了熟人的请求,换了工作。本来应该由这家企业直接雇用照子,但她是顶替那名派遣员工的,所以方便起见,她在同一家劳务派遣公司做了登记,熟人的公司是用工单位,她以这样的方式开始了这份新工作。

"工资由劳务派遣公司发放,所以不管在用工单位做了多少工作,工资和其他派遣员工都是一样的。就这样,我一直作为派遣劳动者工作。"

说是派遣,但照子在同一家企业工作了16年8个月之久。

"本来,派遣是短期工作,不具有长期工作的性质。但讽刺的是,对我来说,派遣工作才是最好、最长久的稳定雇用。"

照子从事的是事务职位。第一次做事务性工作,她感觉很轻松,没有销售那样的指标,不用应付易变的人心。

"说到女性容易就业的工作,人们首先想到护理或保育这一类接待服务性质的情感劳动。压抑自己的感情,满足对方的需求,其实是一项很艰难的工作。所谓适合女性的岗位中,事务职位不需要多少情感劳动,所以女性乐于从事事务性工作。"

劳务派遣公司要抽取派遣劳动者工资的三成左右。劳动者必须加入社会保险,公司和个人各承担一半,40岁以上的劳动者要加入看护保险，还有雇用保险和一些不知实体的"诸多费用"，照子的到手工资在20万日元左右。派遣员工没有交通补贴。顺带一提，2020年4月《劳动者派遣法》修正后明确规定，公司必须支付交通费和奖金。

"派遣员工的工作体系和正式员工是一样的。但是，正式员工每个月能拿到住房补贴、抚养家庭补贴等各种补贴，还有夏季和冬季的奖金，这些派遣员工通通没有。我已经工作17年了，连退休金都没有。这就是派遣工作的真相。"

照子无论如何都想成为正式员工，所以比正式员工更努力地工作。她每个月加班超过100个小时，本来应该由正式员工招待海外客人的工作也由她来做，正式员工讨厌在休息日工作，她就代替出勤。

照子回家的时候已经过了零点，洗完澡躺下，睁眼就到了第二天早上。孩子们已经成为初中生和高中生，不需要太费心地照顾，而且照子的母亲也和他们住在一起。

"直到现在女儿还说：'我不是妈妈抚养长大的，我是自己长大的。'女儿做饭比我快，还好吃。"

照子几乎把所有的时间都用在了工作上，不管遭遇职场霸凌还是性骚扰，为了成为正式员工，她一心扑在工作上，从来没有请过假。

一天，照子倒在了碎纸机前，失去了意识，被救护车送到医院。病因是长时间工作引起的过劳，很明显是工伤。工伤补偿需要向雇主劳务派遣公司申请，公司推脱道："这是你自我管理失败造成的。"无论照子如何坚持，工伤补偿就是申请不下来。

照子认为:"用工单位只是借用派遣员工这一工具,不会动手修理工具。劳务派遣公司也不想修理坏掉的工具,与其修好后再次使用,不如直接扔掉。这就是派遣的结构。"

2015年9月30日,《劳动者派遣法》修正,规定每3年必须更换派遣地。在派遣员工看来,这是"改恶"——朝着更坏的方向进行。

同年8月,照子作为派遣员工的当事人,在参议院厚生劳动委员会上登台演说,阻止《劳动者派遣法》"改恶"。

"我充分利用带薪休假,到国会进行游说活动,在厚生劳动省官员参加的学习会上以自己的经历为例,讲述派遣劳动的真实情况、法律和制度的矛盾、问题点等,这些活动得到了认可,因此得到登台演说的机会。"

但这没能阻止"改恶"派遣法案的施行。讽刺的是,2017年12月,照子被告知终止雇用。58岁时被终止雇用,多么残酷啊。

"我已经工作17年了,同时期还有一个工作24年的派遣员工也被告知终止雇用。像扔东西一样抛弃常年工作的派遣员工,我深深地感受到了公司的做法多么冷漠。"

不顾本人的意愿,也不给退休金,派遣员工就这样赤裸着被抛弃到社会上。照子每个月都缴纳雇用保险,但失业之后,她去 HelloWork[①] 咨询,得到的答复是"你的工作

---

[①] HelloWork 是由日本政府运营的免费的职业介绍所,属于公共行政机构,日本各地均设有办事窗口,也有在线平台。除了提供就业咨询服务之外,也负责处理雇用保险的相关事宜。

情况不适用雇用保险"。终止雇用就是这么回事。而且,求职者过了50岁之后,劳务派遣公司不会再介绍新的用工单位了,这是派遣界的常识。照子已经58岁了,不管她多么坚持,派遣公司就是不给她介绍下一个用工单位。

照子加入了派遣工会,决定和矛盾重重的现状做斗争。在这里可以清晰地看到令和新选组的成员汇集的过程。

照子作为女性劳动问题研究会的会员,发表有关派遣劳动和女性低工资结构的论文,并进行研究活动。

2019年夏,照子身为"前派遣员工和单身母亲"的当事人决定"突袭国政",主张"庶民发起的为了庶民的政治"。

照子本来不打算自称"单身母亲",因为育儿的任务已经完成了。但是……

"我还没有完全还清儿子的教育贷款,贫困代际传递也正在发生。但孩子的存在也能成为我的依靠。这些消极的因素和积极的因素,都使我无法抹去自己单身母亲的色彩,我身上有着明显的单身母亲当事人的特征,所以我决定用这一身份进行战斗。"

照子的目标并不是用自我负责论攻击弱者,而是建立无论谁都能舒适生活的社会。照子发起的活动没有先例,是新的尝试。对于我们这些单身母亲来说,无疑是一种希望。

本章中登场的三位单身母亲的共同点是,虽然拼命工作把孩子抚养成人,但现状令人唏嘘不已。她们都因为离婚变成单身母亲,也都没有办法成为正式员工。

她们并非懒惰,也不贪玩,一边过着节衣缩食的生活一边工作，只是为了养育孩子。为什么育儿结束之后，等待她们的不是安稳的时光？

下一章，我将讲述单身母亲以及单身女性无法摆脱贫困的原因，并揭露这个国家的结构弊端。

第二章

1985 年——女性的贫困元年

"你认为女性的贫困元年是哪一年?"

在前言部分,我提到2017年夏对神原文子女士(时任神户学院大学教授)进行采访时,她提出的这个意想不到的问题是激发本书主题的起点。

当时,我准备向调查研究单身母亲的神原女士坦白,我身为单身母亲是如何被生活压得喘不过气的。那个时候,我已经被逼得走投无路了。

神原女士给出的答案出乎我的意料。我身为当事人,察觉到存在着"女性贫困",但"女性贫困"的"元年"?我从来没有从这个角度思考过。

面对这个奇怪的问题,我有些混乱。也就是说,女性的贫困有一个明确的"开端"?我想快点知道答案,一个劲儿地说:"我不知道,一次也没想过这个问题,请告诉我答案吧。"

神原女士不紧不慢地说:

"1985年。"

一瞬间,我被打了个措手不及。1985年?我接着问,为什么是这一年呢?

听完神原女士的大致说明后，我在心中泪流不止，那是不甘心的眼泪。我明白了自己遭受的痛苦是有原因的，不是我的错，是制度结构的原因。对我来说那一刻犹如地动山摇，晴天霹雳。

《男女雇用机会均等法》

那么，1985 年是怎样的一年呢？

那是泡沫经济前夜。稍早之前，兴起了"女大学生潮"，年轻女性开始得到高度赞扬。

值得一提的是，1985 年成立了《男女雇用机会均等法》。

当时，我是律师事务所的一名事务员，模模糊糊地记得那时候觉得男女在工作中总算平等了。

《男女雇用机会均等法》制定的契机源于 1975 年的"国际妇女年"。联合国旨在消除性别歧视，提高女性地位，将 1975 年定为"国际妇女年"，将以后的十年定为"国际妇女的十年"。1980 年，联合国召集各国签署《消除对女性一切形式歧视公约》，日本也对此做出回应。1985 年，《男女雇用机会均等法》准备完毕之后，日本政府批准了《消除对女性一切形式歧视公约》。

这样说来，从"国际妇女年"开始，日本经过了好长时间才着手实现男女平等。不管怎样，日本社会总算朝着实现男女平等的方向驶航了。实际上，即便到了令和时代[①]，森喜朗

---

[①] 令和是现任日本天皇德仁的年号，令和时代从 2019 年开始。

还说出那样的"真心话"（担任东京奥运会·残奥会组织委员会会长的森喜朗在日本奥林匹克委员会的临时评议员会议中说出"女性人数多的会议开会时间长"），可见消除性别歧视任重道远……

1985年，原以为会成为实现男女平等的一年，没想到竟然会变成女性的"贫困元年"。之所以称之为"元年"，是因为在那一年有明显的动作。

我的1985年

在阐述"女性的贫困元年"之前，请允许我先兜个圈子，回顾一下我的1985年。

本书有6位单身母亲毫不掩饰地坦言了自己的经历。为了不愧对她们，我认为我也应该尽可能地说出自身的经历。我并非有什么高见，而是想以当事人的立场来写作本书。

我有两个儿子，两个儿子的父亲不同。在前言部分我讲述了和次男父亲的事情，这次讲一下长男的事情。当然，我并不是刻意要隐藏什么，只是我也知道这并不是什么光彩的事情。

对"女性贫困"产生关键作用的"1985年"，对我个人来说，是人生的转折之年。那年夏天，我25岁，未婚先孕。

或许是有朦胧的预感，7月末，我一个人去了外房①的

---

① 日本千叶县南部房总半岛沿太平洋区域的统称。

海边。我在清澈的海面上一个劲儿地游泳，住在一家热闹的民宿，很多客人都是带着家人一起来的。我察觉到单身女客显得格格不入，至于当时为什么会有那样的举动，我已经想不起来了。

只有一个场景在我脑海里挥之不去——海面上金黄的落日。

站在海岸线上，看到夕阳的时候，意想不到的话语在我的身体里回响："说不定明年，我会牵着孩子的手，一起看这夕阳。当然，希望是我多虑了。"

落日逐渐沉入海岸线，火红色的光辉洒满了整个海平面。

"但是，如果有一个小生命笑着对我说'夕阳太美了'，这该是多么幸福的事啊。"

瞬间，一股酸酸甜甜的暖流涌入我的身体。

回到东京，我立即去医院妇产科检查。

"怀孕两个月了，恭喜！"

多么残酷的话，除了绝望还是绝望。我从心底里羡慕那些听到这句话会感到高兴的人。

回到公寓，乡下的母亲打来电话，说让我去照顾住在附近的弟弟，他发烧了。我想着现在可不是时候，但还是去弟弟的公寓把事情大致办好了，我至今记得这之后自己脱口而出的那句话：

"我怀孕了。我会把孩子生下来。你要是跟父母说了，我们就断绝姐弟关系。"

和孩子的父亲不是能结婚的关系。而且，看着父母的夫妻生活，我也不觉得结婚是个好事情。

之所以决定一个人把孩子生下来，是因为我有很多后援。比如公司的老板，我告诉他我怀孕了，他开口第一句话就说：

"恭喜恭喜，没有比这更值得恭喜的事了。这个世界上又多了一个人！还有比这更美好的事情吗？听着，律师的工作没那么重要，要把自己的身体放在第一位。"

我热泪盈眶。他知道我未婚先孕，是唯一一个祝福我腹中孩子的人。

我还认识了一些比我大将近一轮的年长女性。结识这些女性的机缘不太寻常。她们是在事实婚姻中生下孩子的，一边工作一边育儿。有和家人住在一起的人，也有一个人带着孩子生活的人。这种不拘泥于常识和制度的生活方式很有魅力。我跟她们说了怀孕的事情，她们都为我高兴。

"孩子教会了我重要的事情，这是很棒的。别担心，我们会支持你的。同为女性，要团结。下一次，你也要支持比你年纪小的女性。"

商量的结果是，她们建议我接受生活保护，然后待产就可以了。我决定就这样做。生活保护，之前对我来说是很遥远的事。没有储蓄，也不能依靠父母，只能如此了。事已至此，我终于处变不惊了。

我绝不会告诉父母怀孕的事情。如果告诉他们，他们肯定会强迫我堕胎。我不知道注重体面和虚荣的母亲会密谋些什么，所以我决定怀孕后期再告诉她。

这就是我的 1985 年。

我选择一个人生孩子，但并非孤立无援。更确切地说，很多人认可并支持我不同于世俗的生存方式。从这个意义上来说，跟现在比起来，以前真是牧歌田园般宽松自由的时代。

《男女雇用机会均等法》的暗影

回到正题。实际上，提出"女性的贫困元年是1985年"这一观点的是法政大学的藤原千沙教授。2009年，藤原教授（时任岩手大学准教授①）在《女性的21世纪　特集　女性贫困　被掩盖的是什么？》中发表论文《1985年是贫困元年　制度催生的女性贫困》，主张女性贫困问题"是制度造成的"。神原女士带给我的启示，正是以这篇论文为基础的。

那么，为什么这一年是女性的贫困元年呢？

1985年5月，通过了《男女雇用机会均等法》。其正式名称是《确保男女就业机会和待遇平等等关于增进女性劳动者福祉的法律》。

这本来对女性劳动者应该是有利条件，但在这一年的4月，国家制定了一项全新的制度，就好像非要赶在《男女雇用机会均等法》通过之前颁布似的。

这个制度就是国民年金的"第3号被保险者"制度。这是1985年被称为女性贫困元年的核心。

---

① 准教授相当于中国高等院校副教授职位。

"第 3 号被保险者"到底是怎样的制度呢？

"第 3 号被保险者"在年金制度中初次登场之前，只有"1 号"和"2 号"。

"第 1 号被保险者"指的是个体经营者或农业从事人员等以及他们的家庭成员，还有学生和无业者。"第 2 号被保险者"指的是民营公司职员或者公务员等加入厚生年金或共济①年金制度的人。

最新创立的"第 3 号被保险者"指的是被"第 2 号被保险者"扶养的配偶。直白地说，就是被身为公司职员或者公务员的丈夫所扶养的妻子。

不工作的专职主妇怎么缴纳保险金呢？不，她们不必缴纳保险金，这就是新制度的规定。"第 3 号被保险者"指的是不用自己缴纳保险金的人。妻子们不必缴纳保险金也能拿到年金。

很明显，国家有很明确的目的。国家的意图就是本章的核心。

藤原教授指出："结了婚的女性并不是依靠自己的力量获得经济能力、加入社会保障制度，而是在经济上从属于丈夫、依靠丈夫扶养，社会对此就像是给予优待一般，提供辅助金予以支持。"（前述论文）

当时的自民党政府认为，在职场实现男女平等之前，有必要创建优待专职主妇的制度。可见这个国家对于女性到底

---

① 共济指基于相互帮助的理念，组合成员共同出钱，有人遇到困难时大家互相帮助（支付共济金）的形式。

成为单身母亲之后　　045

持怎样的态度，这个国家想要建立怎样的社会一目了然。

给予依靠丈夫扶养的妻子优待政策

1980年代，国家陆续出台了许多针对专职主妇和从事兼职劳动的妻子们的优待政策。

1980年，国家在继承领域创建了"贡献份"制度。如果丈夫去世，对于尽到疗养和照护责任的继承人（通常是妻子），特别给予继承财产的"贡献份"，贡献继承人可以同时得到贡献份额和自身的继承份额。也就是说，"贡献份"是对在家庭内部承担照护责任的人员的谢礼或者说是赞美。

这就是菅义伟①就任总理大臣时所倡导的"自助"第一的态度——不依赖国家，自己想办法解决。

税收方面，也建立了优待制度。1987年建立了"配偶者特别扣除"制度。

在此之前，有"配偶者扣除"这一制度。配偶者扣除制度创立于1961年。如果有共同生活的妻子，计算丈夫缴纳的所得税时，从丈夫的收入里扣除一定的金额。应纳税所得额减少了，丈夫缴纳的所得税和住民税也减少了。

那么，为什么配偶者扣除这一制度是必要的呢？创立该制度的前一年即1960年12月的税制调查会的答辩引用

---

① 菅义伟（1948~　），2020年9月被任命为日本首相。2021年10月，菅义伟内阁全体辞职。

了北村美由姬的论文《关于配偶者扣除的相关考察》中的部分内容：

"妻子'并不仅仅是扶养亲属，她们做家务、养育子女等围绕着家庭的劳动，使丈夫能够心无旁骛地投入工作中，从这个意义上来讲，她们是为丈夫的收入做出巨大贡献'的人，所以被看作扶养亲属是不恰当的。"

在此基础上，北村指出：

"配偶者扣除制度创立的根本是承认'税法上"妻子的地位"'，更加明确妻子发挥的作用，很明显是'确保妻子地位'的政策。"

人们常说"103 万日元壁垒"，这是配偶者扣除的重要条件，指的是配偶收入在 103 万日元以下。如果是在 103 万日元以下，那么就可以从丈夫的收入中减去 38 万日元的扣除额。

1987 年，创建新的配偶者特别扣除制度的契机是，如果配偶的兼职收入超过 103 万日元，那么将无法享受配偶者扣除，结果导致家庭收入减少，于是妻子们调整就业，使收入不超过 103 万日元。前述的北村指出，从 1980 年开始，出现了"兼职问题"。

配偶者特别扣除制度创建后，即便妻子的收入超过 103 万日元也能适用于新制度。通过引入这样的制度，在解决"兼职问题"的同时，也能达到减少工薪阶层税金的目的。

配偶者特别扣除制度并不是只要超过配偶者扣除范围哪怕一日元，就完全没有扣除额度了，而是将扣除额维持在一定的标准的体系，该制度根据纳税者的收入和配偶者的收入分阶段改变扣除额，从高到低直至为零。

就这样，1980年代，国家接连为专职主妇和从事兼职补贴家用的妻子们创建了优待制度。这是根据国家旨在创建某种社会的意图而建立的制度。

1980年代，当时的自民党政权将日本社会按照一种特定的形式推进。

藤原教授指出，这种特定的形式就是"男主外女主内"的家庭形态，即男性（丈夫）赚钱养家，女性（妻子）被丈夫扶养，并负责家务、育儿和照护的家庭形态。让这种家庭形态得到强化的正是80年代。

"1979年，当时的执政党自由民主党发表的《日本式福祉社会》（自由民主党研修丛书）中指出，日本旨在建立的理想福祉社会是以安定的家庭和企业的福祉为前提，将在市场中购买的风险对应型民间保险作为补充，国家只对最终的生活安全保障进行兜底的社会。"（前述论文）

在福祉方面，国家计算着如何不出钱就能了事，这就是"日本式福祉社会"（现在不得不说安定的家庭和企业两者都破产了）。

所以，女性或者说专职主妇，被置身于就算工作也只能从事低工资的兼职补贴家用的结构中，以依靠丈夫扶养为前提，无偿承担家务、育儿和照护工作，来支撑"日本式福祉社会"。作为补偿，政府创建了专职主妇优待制度。专职主妇的存在能够将国家用于福祉的费用控制在最低限度。

结果便是，女性的劳动形态通常是兼职等非正式雇用，收入低也没关系。这是导致现代女性贫困的重要原因。由此可见，女性的贫困是被强加的命运。

而且，这样的"日本式福祉社会"完全没有考虑到未婚或者离婚单身女性的存在。在自民党政权的眼中，不存在女性作为顶梁柱的家庭。

1980年代，环顾世界，即便在发展中国家，也是女性作为劳动力进军社会的时代。然而，日本却将女性束缚在家庭之内，只有从事照护劳动才能保障老年的安定生活。这就是"日本式福祉社会"。国家在最后的最后才会兜底。

一方面迎合联合国，制定《男女雇用机会均等法》，另一方面又对女性作为劳动力进入社会不屑一顾。

## 《男女雇用机会均等法》和《劳动者派遣法》

讽刺的是，1985年同时制定了《男女雇用机会均等法》和《劳动者派遣法》。

派遣劳动造成派遣解雇等不稳定雇用、贫富差距变大等问题的开端，要追溯到1985年。

原本，将自己公司雇用的劳动者派遣到另一家公司工作的"业务处理承包制"是在1966年出现的，最初是由美国的人才派遣公司到日本进行派遣活动而开始的。为了让这套系统发挥一定作用，有必要让劳动者派遣事业制度化，于是劳动省（当时）①着手立法，在1985年通过了《劳动

---

① 2001年，日本政府将厚生省和劳动省合并为厚生劳动省。

者派遣法》。

虽然这项法案使得派遣事业成为一种商业行为，但为了保护劳动者，当时只限定在专业性较强的第一、第三产业施行派遣，建筑业、警备业等行业禁止派遣，制造业也有相应的政策法令禁止。根据这项法案，翻译、秘书等需要发挥专业技能的职业从业者可以一天工作几小时、一周只工作几天，时间相对自由。

《劳动者派遣法》当初仅限于专业岗位，后来经过数次修改，不断扩大适用对象，2003年延伸至制造业。

还记得2008年年末在日比谷公园建造的"跨年派遣村"吗？受"雷曼冲击"[①]的影响，诸多企业终止派遣，在公司宿舍生活的制造业非正式员工同时失去了工作和住所，涌入派遣村。非正式雇用的男性的贫困第一次被人们看到。但是在此之前，女性一直处在从事低工资的兼职和派遣劳动的困境中。

再加上，《男女雇用机会均等法》的制定将女性群体明确地分裂开来。

《男女雇用机会均等法》通过之后，也为女性设立了"综合职"[②]这一职位。也就是说一部分精英女性可以和男性一样工作，获得高收入，然而能享受这种恩惠的女性少之又少。

---

[①] 因美国第四大投资银行雷曼兄弟公司破产造成的世界性金融危机事件。
[②] 综合职是从事公司核心业务的较高级岗位，综合职员工有望升职管理岗位，甚至进入领导层。

表面上受惠于综合职的女性和男性同等地工作，实际上意味着什么呢？男性有妻子负责家务、育儿和父母的看护等一切家庭事由的"照护劳动"，只需要工作就可以了，加班到深夜也没关系。但是，女性身边没有人负责"照护劳动"，她们和男性同等地工作，就不得不放弃成立家庭。如果没有承担家务的丈夫（本来这样的男性在80年代就极其稀少）或者祖父母，女性一边工作一边生育孩子几乎不可能。80年代中期的日本虽然很富裕，但是民间没有使用家务服务和育儿服务的习惯，这类服务跟现在比起来要少得多。

男性在进行其所谓的"家庭服务"（这哪里算得上"服务"？），和可爱的孩子们一家团圆和和美美的时候，综合职的女性走的是一道何其险峻的独木桥。

所以，女性如果想要同时兼顾事业和家庭的话，就不得不选择低工资的兼职工作或派遣劳动——她们只剩下半强制性质的选择。即便如此，只要有身为顶梁柱的丈夫在，妻子的生活就不会困难。

然而，从事兼职或派遣劳动的单身女性怎么办呢？国家当时并没有考虑到还存在"不依靠男性扶养的女性"。而现在，这样的单身女性的数量达到了1985年所无法想象的数字。

1985年，女性的终生未婚率（50岁之前一次也没有结过婚的女性占女性总人口的比例）仅为4.3%，2020年攀升至17.4%。1988年的母子家庭是849200户，2016年增长为1231600户。

千叶大学、放送大学名誉教授、专攻家庭社会学的宫本美智子女士指出，"生育率低下和不婚率增加出乎意料，人口学者的看法太过幼稚"（关于这一点，我很认真地请教过宫本教授，本章末尾会介绍）。

中央大学教授山田昌弘指出，年轻男性经济能力下降伴随的经济不稳定和男性仍有在经济上扶养家庭的保守观念，导致了现代日本不婚率增加。

这正是 1980 年代得到强化的"日本式福祉社会"即"男主外女主内形式"种下的苦果。

对于不依靠男性扶养的女性，国家到现在还是持保守态度。这个国家如何看待单身母亲，就如何看待女性。

## 儿童抚养补贴减少

儿童抚养补贴，可以说是母子家庭的生命线。养育孩子的时候，这个补贴可帮了我大忙。它不仅是对生活费的补贴，在第一章中水野敦子就介绍过，儿童抚养补贴包括医疗费免费、水费基本费用免除等，在生活的诸多方面都支撑着母子家庭的生活。

当时，我的两个孩子每个月能领补贴 4 万多一点，一年分 3 次发放，每 4 个月支付一次。这一天多么令人期待！孩子们受伤、生病以及我自己的牙齿治疗等医疗费免费帮助也很大。

儿童抚养补贴制度于 1961 年制定，一开始支付金额受收入限制，经过数次修改，支付金额统一。

不过，1985 年，国家在全额支付中引入了部分支付的机制，不顾很多单身母亲的反对，进行制度修改，大幅减少支付金额。

年收入未满 171 万日元，支付全额即每月 3.3 万日元；年收入超过 171 万日元未满 300 万日元，支付部分金额即每月 2.2 万日元。这是首次将二阶段制引入儿童抚养补贴（此后直到现在，一直朝着更糟糕的方向发展）。他们认为给不依靠丈夫扶养的女性花钱纯粹是浪费。

1985 年对《儿童抚养补贴法》的修改，表面上看是以削减财政支出为目的，实际目的是通过母亲就业来增进儿童福祉。表面上的目的可以理解，但是母亲就业怎么就和增进儿童福祉联系在一起了呢？支付金额减少，生活变得困难，怎么增进儿童福祉呢？

创立遗属年金

另一方面，国家突然转变态度，对处在"妻子地位"的女性，除了建立配偶者特别扣除、继承的贡献份制度，还创立了新的优待制度。

那就是充实遗属年金的制度。遗属年金指的是国民年金或者厚生年金的被保险者去世之后，支付给遗属用来维持生计的年金。

1985 年，年金制度改革，将旧有的《国民年金法》中的母子年金或者孤儿年金统合进"遗属基础年金"。亡夫如果是厚生年金的被保险者，遗孀也会获得"遗属厚生年金"，导入这样的"遗属年金制度"，为遗属提供了更加丰厚、充实的保障。

即使同为母子家庭，丧偶的妻子可以得到丰厚的保障，而离婚逃脱家庭的女性当作唯一生命线的儿童抚养补贴却在减少，这是赤裸裸的歧视。生活在故意制造歧视的国家，我感到很绝望。

藤原教授强烈谴责这种分裂女性的政策：

"也就是说，表面上看起来是优待女性的社会政策，实际上是将女性分裂为是妻子的女性和不是妻子的女性，阻碍女性获得经济能力，掩盖女性的贫困问题，妻子的优待政策和母子家庭的生活困难实际上是一枚硬币的两面。"（前述论文）

坦率地说，若不是因为愤怒，我难以前行。我们这些单身母亲生活苦难是被制造出来的。国家岂止是威胁到了我们的生命线，根本就是对我们不管不顾，无视我们的存在！

所以，1985年是贫困元年。

藤原教授得出以下结论：

"一方面标榜男女雇用平等，另一方面分割家庭责任、强化性别分工、扩大非正式雇用，对妻子给予经济上的优待的同时削减母子家庭的补贴，对于女性来说，1985年恰恰是'贫困元年'。"（前述论文）

我们这些单身母亲，被迫生活在国家制造的贫困中。

我的1986年

1986年，我申请了生活保护，准备生产。这不是一个简单的决定。2月中旬，我离职了。因为公司只有我一名事务员,我不能指望老板聘用其他职员代替我,来保障我的产假和育儿假。

预产日在3月末。3月的时候,我去行政窗口咨询,准备申请生活保护。具体细节忘记了,只记得因为父母是公务员,我是四年制大学毕业的,有一个弟弟在东京生活上大学,我的申请就被认为有问题。

工作人员直截了当地说,"生活保护不是给你这样的人使用的制度",如果要申请的话,就要向我父母的工作单位分别进行扶养照会①。

"也就是说,要向当事人父母及其工作单位告知女儿未婚先孕,正在申请生活保护。"

我感到这简直像是在威胁我,阻止我提出申请。我写信告诉父母怀孕的事,父母大怒。当然,他们一点也没有照顾我的打算。

我不知道的是,父亲和母亲分别给福祉事务所打电话说:"我与女儿断绝关系了,不打算照顾她。"

我以为这样扶养照会就完事了,没想到还剩下弟弟。

"请把父母汇给你弟弟的钱当作你的生活费。"

我惊呆了。听到工作人员说出这样的话是在预产日前一周。我脱口而出,大声喊道:"我要在这里生产!"经过一番软磨硬泡,工作人员再也没有理由拒绝,我终于在临

---

① 扶养照会指的是相关政府机构收到当事人的生活保护申请之后,了解当事人亲属的经济状况,询问亲属是否能够对申请生活保护的当事人提供经济援助的行为。

产之前获得了生活保护，于4月中旬顺利生下长男。

支持我产后生活的是我的女性朋友们，她们轮流来公寓，给我做饭、打扫房间、洗衣服，还帮我洗澡。男性朋友只是帮我买便当，但我也很感谢他们。

我忘不了第一次领取生活保护金时的场景。决定开始接受生活保护时，我准备了汇款用的账户，结果保护金是面对面发放的。于是我抱着头还没立起来的新生儿，惴惴不安地出门。在行政大厅，看到领取保护金的人排起长龙，我觉得这队伍就像是对我的一个警告。随后我加入了队伍。

儿子将要满3个月的前几天，我接到了个案工作者的电话：

"明天请去保育园。您父亲说会照顾您，您的生活保护到此为止，请您开始工作。"

父亲是个乡下人，肯定向他们表达了感谢，可能说了"现在已经没有问题了"之类的话。这使得我的生活保护被终止，当然，后来我并没有定期从父母那里得到任何经济援助。

福祉事务所让我去办理终止手续，劝说我写"拒绝申领生活保护"的书面材料，我没有答应，因为我绝对没有拒绝过。

政府指定的保育园园长惊讶地说，第一次见到保育园超员，还能在这个月中途入园的情况。当时有待机儿童[①]问

---

[①] 待机儿童指需要被送进保育园或其他保育设施但无法入园，只能在家中排队等待空位的0岁至小学前的儿童。

题。讽刺的是，我托终止生活保护的福，直接将儿子送进了保育园。

长男是过敏体质，我不太想让他喝保育园的牛奶。为了能把冷冻母乳送到保育园，我在附近找了一份养乐多女士①的工作，一个月收入10万多一点。等孩子睡觉之后，我晚上在进研补习班②做批改作业的工作，勉强能够维持生活。

正好那个时候，老板说想看看孩子，我就去事务所拜访了他。抱过孩子之后，老板说："生活保护的电话也打到我这里来了，给你留下小气的印象真是抱歉。这是退职金。80万日元，不多，就当做生活费吧。"

他把现金砰地摆在我面前。我总是被老板感动得流泪。

在保育园，我看起来似乎是一位不靠谱的母亲。如果孩子生病没去保育园的话，"勇敢母亲"③们就买来熟食送给我；我不知道如何大扫除，年末她们就带着工具教我如何打扫。休息日的时候，我会和单身母亲们在公园同孩子们一起玩耍，还经常加入保育士和孩子们，和他们一起吃饭。

1986年，有很多人帮助我。

那个时候，还是只要努力工作生活就会慢慢变好的时

---

① 养乐多女士指养乐多的销售员，多为女性，也有少数男性。他们大多以自行车或摩托车等为代步工具，工作内容是上门推销和配送养乐多等。为吸引主妇应聘，养乐多从1970年代起为员工设立日托中心。
② 日本历史最久、最著名的补习班之一。
③ 《勇敢妈妈》（『肝っ玉かあさん』）是日本TBS电视台于1968年到1972年播出的三季连续剧，塑造了一个略显冒失但勇敢坚韧的母亲形象。

代。没想到,二十几年后等待我的是被贫困压得喘不过气的日子。日本迎来泡沫经济,进入金钱飞舞的疯狂时代。身为养乐多女士的单身母亲,我虽然不应该指望得到泡沫经济的好处,但在充满希望的时代氛围中,每天骑自行车送货时也会冒出"就算和孩子两个人,也能活下去"的想法。

但是,女性贫困的种子已经被悄然种下了。

# 采访　1980年代以后，政府的无作为让单身母亲陷入困境

宫本美智子（千叶大学、放送大学名誉教授）

　　日本为什么和世界背道而驰，在1980年代推行将女性束缚在家庭内的政策呢？

　　我想询问宫本美智子女士的正是这个问题。这又对现在产生了怎样的影响？尤其是在1980年代创建的"日本式福祉社会"正在崩溃的"当下"，更应该提出这些问题。

两大潮流的对决

　　当时，是什么潮流导致"日本式福祉社会"形成的呢？对宫本美智子的采访从这个问题开始。

　　"1985年，《男女雇用机会均等法》颁布。同年，优待家庭主妇的一系列政策出台。对于这件事情，您怎么看？"

　　宫本轻轻点头，说："那个时候，政治的牵引力比较大。政权内部有人认为展望未来，有必要活用女性劳动力。提高女性的就业率，将其作为战斗力使用，是站在这个立

场上的观点。但是，主张保护专职主妇权益的政治势力很大。像政治家这样在社会领域掌握实权的男性群体的妻子大多是专职主妇，所以他们站在保护专职主妇权益的立场上。"

令人感到意外，原来当时自民党党内也有让女性作为劳动力进入社会的想法。

"是的。是两大潮流的对决。因此，一方面建立了保护专职主妇的制度，另一方面推动女性进入社会的均等法也在推进，相互矛盾的动向同时进行。"

当时，《男女雇用机会均等法》被大肆宣传，然而，作为其镜像的专职主妇优待制度却在暗处创建。至少，我在听说"女性的贫困元年"这个观点之前，对专职主妇优待制度全然不知。

我还想问一下当时的情况。

"当时的产业构造以服务业经济为中心，所以需要女性劳动力，而且人们逐渐认识到女性劳动力将来会越来越不可或缺。因此，自民党内产生了成立均等法的潮流。他们的立场是，和发达国家一样，增加经济独立的女性数量是必要的。

"然而，刚才所提到的守护传统家庭的政治势力也不容小觑。传统家庭成立的前提条件是男性是顶梁柱，家里有专职主妇，这些女性只需要帮忙做家务。

"所以，专职主妇保护政策和女性劳动力市场化政策，这两项看起来矛盾的政策同时在1985年出台。"

## 分裂女性

《男女雇用机会均等法》使得女性可以和男性一样从事综合职,活跃在职场中,然而只有极少数女性才能做到。

"一部分精英女性如果要从事综合职,和男性一样工作,就必须舍弃婚姻和孩子。和男性同样的工作方式必然会导致这种结果。"

如果身边没有人能完全承担家务和育儿等家庭责任的话,"和男性同样的工作方式"就成了一纸空谈。

"没错。所以没有专职主夫的大部分综合职女性都放弃了结婚。当然,也不可能生孩子。或者,她们的父母提供全面的帮助,在这个基础上,她们才可能独立。拿到高工资,能够独立的女性只是很小一部分。

"一方面存在从事综合职的女性,另一方面,也存在从事非正式工作、靠丈夫扶养的专职主妇。也就是说,这是为女性的分裂做好了铺垫。"

意思是说,女性之间是被故意分裂的吗?

"是的。也就是说,在女性之间制造差距,将其分裂为'综合职员工''兼职的妻子'和不受保护的'单身女性'三个群体。"

第三个群体"单身女性"中很多女性从事非正式劳动。宫本称她们是"不受任何保护"的群体。当然,其中包括了大多数单身母亲。

"战后日本的社会构造比较特殊,以公司和家庭为主。

公司团结员工，甚至守护他们的家庭。所以，日本没有为跳出公司这个系统的人建立保护制度。家庭也是一样的。大家都是生活在家庭中，从属于公司的产物。这个家庭指的是，作为家庭顶梁柱的丈夫和专职主妇或从事兼职工作的妻子以及两个孩子组成的'标准家庭'。脱离于这个系统的人，制度完全没有覆盖到。所以，刚才所说的'不受保护'这个词应该作为单身母亲的前缀。

"公司、家庭和教育机构，经过30年的变迁，从铁板一块到逐渐解体，然而制度却没有随之发生根本性的变化。"

现在发生的"扭曲"，是从1980年代中期开始的吗？

"例如欧美国家，1960年代发现本国劳动力不足，而日本在1980年代之前有丰富的男性劳动力。那是一个出生率保持稳定，夫妇有两个孩子的时代，所以没有女性劳动力也没有关系。这种幻想持续到80年代。

"到了1990年代，日本出现少子化问题。但这个问题当时没有得到人口学家和政府的重视。90年代，女性的就业率升高，从事非正式劳动的女性增加了，但是结婚率仍然较高。大部分女性还是会结婚，依靠丈夫这个家庭顶梁柱扶养，少子化没有被当作多么严重的问题。虽然离婚率有所增加，但跟欧美比起来还很低，单身母亲被视为例外。这是多么幼稚的看法啊。直到2010年代，人们才开始关注这个问题。"

女性作为非正式劳动者进入社会

像1985年预测的那样，到了1990年代，日本也终于不得不依赖女性劳动力了。

"在欧美发达国家，女性进入社会是在20世纪60到70年代，比日本早20年。不过那个时候的劳动力市场还是正式雇用的时代，所以女性也是作为正式劳动者进入社会的。然而，到了90年代，日本工作的女性增加，大部分却是以非正式雇用的形式进入社会。可见，日本和欧美的历史不同。

"1990年代，日本为了应对全球化经济竞争，增加了派遣劳动等削减人工成本的非正式劳动形式。女性以这种形式进入了社会。"

现在，劳动派遣者害怕派遣终止的不稳定雇用问题成为一个重大问题，而这个问题由来已久。从这个角度来看，不增加正式员工，利用派遣员工来应对全球经济竞争时代的企业已经背离了"日本式福祉社会"。

接着，我问了引入派遣劳动制度的问题。

"当时这遭到了工会的反对，国家也不愿承认派遣劳动。1980年代，对于增加不稳定雇用的劳动者这件事顾虑很深。然而到了1990年代，企业的需求很强烈。为了在全球化经济的国际竞争中取胜，必须提高生产力。企业认为最快速的方法就是削减人工成本。随着产业构造的变化，供求调整变成以周为单位，正式员工不能调整加班。这种情况下，企业利用派遣劳动来应对。

"企业声称如果不进行体制改革就无法调整供求，强力施压政府修改派遣法，到最后形成了鱼龙混杂的局面。

"他们认为女性劳动力受非正式雇用没关系，女性的事

成为单身母亲之后　063

务劳动逐渐信息化，没有必要雇用正式员工。结果，体制改革出现了派遣、非正式、有限期雇用等等，什么样的工作形式都被接受了。"

这就是小泉内阁的"没有禁区的构造改革"。那以后，正式雇用和非正式雇用之间的收入差距越来越大，变成了一个重大问题。

"当然欧美也存在非正式雇用。但是日本的非正式雇用合同要比欧美多得多。而且，只有日本的正式员工和非正式员工的收入差距过大，连OECD都出来敦促改善。

"欧洲也存在雇用的流动化，不过没有像日本这样正式和非正式的差距如此之大。这是因为在这些国家中，虽然雇用流动化趋势逐渐明显，但与此同时也在保障劳动者的权利。日本则相反，大幅降低非正式劳动者的待遇，反而保护正式员工的利益。

"非正式劳动并非只有坏处，即使是非正式，如果有能够确保生活的收入也可以。而且，存在年金之类具有前瞻性的社会保障制度的话，非正式雇用也不是绝对不可以。但是，日本没有提供这样的选择。"

——所以，大多数从事非正式劳动的日本单身母亲都被贫困压得喘不过气。

"是的。靠一个人支撑家庭收入的单身母亲，不管怎么努力工作，贫困率都居高不下。单身母亲的就业率为80％。日本的单身母亲是全世界工作最努力的，却不能够维持生活。"

## 1980年代"幻想"的代价

从1980年代到1990年代,被制度忽视的模糊不清的"代价",现在逐渐显现出来。这个"代价",具体指什么呢?

"首先,是对出生率浅薄的看法。合计特殊出生率①降低到1.57是在1989年。这被称作'1.57冲击'。少子化导致劳动力不足,如何抑制这种情况的恶化呢?行政部门和研究者应该早一点察觉到年金财源枯竭的危机,却到现在才说没有想到少子化会发展成如此严重的地步。到了2010年,据结婚率的统计数据显示,社会并非朝着晚婚化而是朝着不婚化的方向行进。

"原本必须将以男性劳动力为主的社会转换为活用女性劳动力的'男女共劳'的社会,浅薄的看法加上不清晰的政策才导致'代价'的产生。女性活跃等女性政策出台并非基于男女平等的理念而是劳动力不足的现状。仅仅依靠男性劳动力难以维持社会的正常运转,所以政府才终于采取行动。

"2010年代,暴露了1990年代出现的女性劳动问题以及把一切委托给家庭这一政策的漏洞。2010年之后,国家开始承认儿童贫困问题。不仅仅是儿童、年轻人、女性和老人的贫困,在职年龄层②的生活保护领取率大幅上升,中

---

① 合计特殊出生率即一名女性一生之中的平均产子数。
② 指正在工作、缴纳支撑年金制度的税金的那一代人,基本在20岁到60岁之间。

年人的贫困问题也开始显现。在此背景下，政府制定了《生活贫困人员自立支援法》。"

"特别是现在的疫情，导致女性的贫困问题非常显著。这就是1980年代的自民党政权将社会推向错误方向的结果。

"不管是单身母亲，还是单身女性，女性陷入贫困状态是当今的一大问题。总之，劳动环境对女性非常不友好。几乎没有企业可以为没有工作经验和资格证书的女性提供一份能够自力更生的工作。即使有工作经验和资格证书，苦于低工资的女性并不在少数。也就是说，日本在以男性为顶梁柱支撑整个家庭的漫长历史中，包括招聘制度在内，没有为女性提供可以平衡育儿与工作的环境。

"正式雇用意味着和男性同样地工作。早上很早上班，晚上加班到深夜，单身母亲抱着年幼的孩子，没有办法以正式雇用的形式工作。"

疫情导致女性劳动占比高的餐饮业、服务业等行业的从业人员频繁失业。令人悲痛的是，近年来女性自杀率持续走高。2020年比上一年高出15%，特别是职场女性的自杀率显著增加。

"造成女性贫困的原因和教育脱不了干系。即便是有很多出路的女学生，将来不愿工作的也不在少数，只想找个好老公，当一个专职主妇。她们可能是了解到女性参加工作有多辛苦吧。但是这样风险极高，所以高中阶段的职业训练和就业支援非常重要。

"而且现在，也出现了低收入专职主妇群体——丈夫收入低，孩子因为待机儿童问题无法进入保育园，妻子不能工作。两个人如果不同时工作就不能维持生活，就会陷入贫困状态。"

以男性顶梁柱为家长、女性从属于丈夫的"标准家庭"是拥有男尊女卑思想的人的幻想。这种幻想给很多人带来束缚，让社会停滞不前。但是，直到现在，残存这种思想的人依然有势力。这就是这个社会的现实。

听了宫本的话，我特别想对众多单身母亲们说：

"让你陷入贫困的不是你自己，而是国家。"

# 第三章

## 老后无依

根据2017年发表的最新版《全国单亲家庭等调查结果报告》，单亲家庭产生"原因"的统计显示，母子家庭的情况如下：1983年"丧偶"占比36.1%，离婚、未婚等"生离"占比63.9%；到了2016年，"丧偶"占比降至8.0%，"生离"提高到91.1%，占总体的九成。

如今，单身母亲几乎都是离婚或未婚，属于国家没有考虑到的女性。上一章提到，国家考虑到的女性是"日本式福祉社会"的支柱——"丈夫、妻子和两个孩子"组成的标准家庭——中的妻子。所以，国家对和丈夫患难与共、生死相依的"丧偶"女性提供"遗属年金"，作为一种"奖赏"，支援她们丧夫后的生活。

另一方面，对于和丈夫离婚、离开家的女性或者没有变成妻子的未婚母亲，国家只给18岁之前的孩子每年发放儿童抚养补贴。儿童抚养补贴以"单亲"为对象，当然也会给丧偶家庭发放，说到底就是为养育孩子而提供的支援，对于生离的单身母亲则什么直接的支援也没有。

我想强调的是，丧偶的单身母亲只要不再婚，就可以终身领取"遗属年金",但是,最小的孩子超过18岁的单身母亲却什么也没有。

不仅如此,在纳税方面,生离和死别,也暗藏着很大的差别。

这就是所得税优遇政策——寡妇扣除。对于离婚的单身母亲,一旦孩子独立,寡妇扣除的政策就会终止。然而对于丧偶的单身母亲,即使孩子独立,寡妇扣除的政策也不会终止。直到老年,后者一辈子都可以从征税对象额里扣除27万日元(年收入在500万元以下时)。扣除的税金被用来纳税,因此只需支付少量税金。

1951年,为了救济战争遗孀,国家出台了寡妇扣除在内的一系列所得税优遇政策。1972年,这项政策的保护对象扩大至没有扶养亲属的丧偶寡妇。至此,与丈夫死别的妻子一生都可以享受寡妇扣除政策。这是为什么呢?

当时,国家认为丧偶的女性需要承担与丈夫的亲戚交往等生活上和精神上的负担,所以将寡妇扣除的适用范围扩大到了所有丧偶女性,对守护丈夫牌位的妻子,给予税法上的优待。

国家仿佛是在说,丧偶的女性很辛苦,但是离婚的女性另当别论。基于这种偏见建立的现有的所得税制度难道没有问题吗?在税法上区别对待丧偶和离婚女性,这样的国家在世界上能找出第二个吗?

更不可思议的是,直到令和时代,寡妇扣除才适用于未婚单身母亲。国家根据有无婚姻,改变寡妇扣除的适用条件。2020年,国家修正相关法律,设立了"单亲扣除",

至此终于将未婚单身母亲置于扣除的范围之内。日本这个国家的法定婚姻主义①的桎梏如此之深,令人瞠目结舌。

对于成为单亲的"不同方式",在支援政策和税法上区别对待,这就是这个国家的现状。

本章,我想要向读者传达三位单身母亲的声音。她们比第一章出现的女性年龄更小,是40岁到50岁的单身母亲。

## 森田叶子:虽说切断了贫困的传递

"儿子过年虽然回来了,但只住了两个晚上就回去了。没办法,怎么着都不行。"

森田叶子(化名,48岁)住在东京近郊,露出故作释怀的微笑。

叶子有一个独生子,26岁结了婚,去年元旦回老家看望她,又马上回了自己家。叶子本来很期待,但也免不了失落。

"对于他来讲,最舒服的地方已经不是我这里了,而是自己的家。"叶子似乎为了向自己确认,继续说,"不过,一个人生活虽说孤单,但作为单身母亲的生活中,现在是迄今为止经济上最平稳的时期。仅凭这一点,就很感激。"

叶子的工作是配送司机。虽说是兼职,她可是一个拥

---

① 只有按照法律规定的程序缔结的婚姻才被承认的立法原则。与之相对的有事实婚主义、宗教婚主义等。

成为单身母亲之后　　073

有 25 年以上经验的老手。眼前小巧玲珑、纤细优雅的叶子居然可以搬运重物上楼,确实令人惊讶。

叶子的儿子 4 年前从理工科大学毕业,而后被建筑公司录取为正式员工。从那个时候开始,虽说金额不多,但叶子终于可以为"自己的晚年"存钱了。

"因为,我没有任何依靠。"

叶子身边没有可以依靠的父母或兄弟姐妹。她做好了一个人度过晚年的准备。

厌恶丈夫

小学五年级的时候,叶子的父亲因为车祸身亡。不幸的是,在她 15 岁的时候,母亲也因病去世。

虽说有三个姐姐,但大家光是为了自己的生活都已经筋疲力尽,没有余力照顾未成年的叶子。

叶子初中毕业后,在包住宿的美容院工作。除此之外,没有谋生之路。

"我一点都不想做那个工作,我讨厌那个工作,讨厌触碰头发……我也不擅长在女性多的职场工作,而且前辈经常刁难我。"

叶子只存够了能租公寓的钱就从美容院辞职了。那年,她 18 岁。之后,她在餐厅做服务员,认识了前夫。前夫比她年长 3 岁,两个人聊天很投机。

叶子 20 岁那年,两人结婚。她从餐厅辞职,到配送公司工作。前夫是正式员工,跑长途运输,叶子兼职在白天工作。

"我很喜欢开车,所以做配送工作乐在其中。"

叶子相信自己终于找到了适合自己的工作。

叶子 22 岁时生下了长男。儿子 3 个月大后被交给保育园,叶子重新开始配送工作。如果夫妻二人不同时工作,生活负担会很重。

不知从什么时候,叶子开始排斥丈夫,厌恶丈夫。

"结婚后,我非常珍惜和丈夫一起组建的小家庭。但是,丈夫认为家庭必须包括原生家庭,他很重视原生家庭。我们在这个方面有分歧……"

婆婆经常打来电话,成为叶子的负担。

"反正,电话的目的是要我们和公婆一起住,现在想来很讨厌。住在一起的话,我需要照顾他们吧,很讨厌。"

不知从什么时候开始,叶子对丈夫产生了强烈的排斥感,不想见到他,不想和他说话。那多半是在儿子上小学一二年级的时候。

"不管对谁,我只要产生了这样的想法就无力挽回。只要开始讨厌这个人、不想见到他,就无力回天了。对于丈夫,也是如此。"

丈夫上夜班,两人总见不着面可能也是原因之一吧。后来,丈夫辞掉工作,还借了一些钱,这是压垮骆驼的最后一根稻草。

"辞掉工作倒也没什么。但是,之后他光靠别人,自己不行动,还借了钱。我觉得没有挽回的余地了。"

丈夫对半年没有跟他讲一句话的妻子感到奇怪,叫来自己的朋友，尝试和妻子沟通。经过半年的沟通协调，两人决定协议离婚。

"我决定离婚的时候，叫来了姐姐一起商量。至于抚养费我觉得无所谓。前夫也觉得离婚的原因是我自私。姐姐请求他'孩子长大之后请帮助他'，前夫说为了孩子，他会存钱。"

离婚后，叶子没有搬家费，不得不和前夫在公寓共同居住了一年。

"离婚之后，我申请了公营住宅，一直等待入住。如果从他的公寓里搬出去，我一个人承担不了房租。所以，我觉得暂时和他一起住比较好。想搬也搬不了啊。不过在家不怎么和他见面，倒也还好。"

儿子上小学三年级的时候，公营住宅终于有了空位，叶子和儿子搬了进去，开始新生活。房租每月2万多日元，生活总算过得去。

信用卡陷阱

配送工作从早上8:30到下午2:30，共计6个小时。

"我如果吃了东西，就搬不动重物，所以工作的时候不吃东西。6个小时，是我能承受的极限。"

工资13万到15万日元，再加上每月4万日元的儿童抚养补贴，这点钱难以维持两个人的生活。

"我没有按时缴纳国民健康保险和国民年金，处于长期拖欠状态。"

国民健康保险持续拖欠，市政府寄来催缴信，叶子被叫到了窗口。她被告知，一般一年更换的保险证调整为每半年必须缴纳的"短期证"，拖欠的国民健康保险必须分期缴纳。

"国保要比我预想的高得多，就算要求我缴纳，我也无力承担。好在可以分期缴纳，慢慢来。"

我也真心觉得国民健康保险金额很高，而且还在不知不觉中持续上涨。我也有过缴纳困难，不得不分期缴纳的时期。

当时，窗口工作人员建议叶子办理国民年金"免除"手续。申请"免除"的话，仍然保留年金领取者的权利，可以等将来经济上宽裕一些的时候，再缴纳欠缴的部分。

实际上，我和叶子一样。很长一段时间内，我都办理了"免除"手续。

在这期间，叶子的生活费也出现了问题。

"只依靠兼职配送的收入，难以支撑一个月。所以，我借了信用卡的小额贷款，发工资的时候还款，如此反复。信用卡是在离婚的时候办理的。世尊卡①的审查严格，我没能通过，只得办理了不知名的信用卡，用信用卡的小额贷款来维持生活。"

我问她：没有想过增加工作量吗？

"没想过。最重要的是和儿子一起度过的时光。我不想

---

① 日本最大的信用卡企业世尊信用卡株式会社（Credit Saison Co. Ltd）发行的信用卡。

让他感到孤单。"

确实是这样。我选择自由职业的原因也是想尽可能地陪伴上小学的次男。孩子的成长过程非常珍贵，一去不复返，母亲的陪伴无可替代。我很理解叶子的想法，即使收入不稳定，也要尽可能地陪伴孩子。

近来，孩子"晚上一个人在家"成为问题。现在，两个单身母亲中就有一个处于贫困状态，如果不打两份工就无法维持生活，所以晚上也不得不工作。这段期间，孩子只能晚上一个人在家。

让单身母亲工作如此辛苦的是国家。只要求单身母亲发挥工作效用的话，谁来照顾孩子呢？日本针对单身母亲的政策完全没有考虑到她们也要"照顾孩子"。

回到正题。小额贷款通常附带高额利息。用小额贷款填补生活费，拿到工资后还款，这样的生活不可持续。同样的事情在第一章提到过，叶子也是这样的情况。

"首先是不能及时还款。已经没有办法了，全部工资都用来还款了。"

儿子上初三的时候，叶子自己调查后发现只能进行"债务整理"。债务整理怎样做才好？手续相关的事情只能和前夫商量。

"我借的钱没有那么多，比起个人破产，债务整理更适合。不过，我也做好了个人破产的准备。前夫说'最好不要申请个人破产'。"

前夫建议叶子选择债务整理中的"自愿整理"，不经由法院交涉，分期支付达成和解。于是，叶子和信用卡公司联系，希望可以以个人身份应对。

"按照前夫的建议，我给信用卡公司打电话，得到了和公司沟通的机会。商量的结果是停用信用卡，办理分期付款的手续还欠下的钱，需要花5到6年才能还完。因为这件事情，我到现在也不能使用信用卡。"

切断贫困的传递

叶子终于逃离了还款的死循环，松了一口气。儿子中考考上了公立高中。正好那年公立高中学费全部减免。虽然不用担心学费，但是叶子心里仍有很多不安：真的能够保障儿子的高中生活顺利吗？现在已经不能使用信用卡的小额贷款了，自己的收入不得不全部用来偿还贷款，时薪也没有什么变化。

叶子将自己的想法告诉初中的班主任，班主任建议她借贷奖学金。

"我还记得当时在初中办理借贷奖学金手续的场景。我现在还在还贷，每年5万日元左右。钱不多，但每个月有账，定期车票、儿子的棒球合宿费等，有很多花钱的地方，都会用到这笔奖学金。"

那个时候，儿子经常和他父亲见面。儿子进入初中之后，叶子对他说："那是你爸，你什么时候和他联系见面都可以。"

父子俩都喜欢看电影，经常一起去电影院。前夫虽然不支付抚养费，但会出钱给儿子买需要的东西。

"棒球的合宿费、手套费,儿子经常让爸爸帮忙。前夫就支付了那些费用。"

儿子上高三的时候,爸爸建议他考大学。他自己是高中毕业,经常感慨如果当初考上大学就好了。

"于是,儿子也开始对这件事上心,但是他到夏天为止一直在打棒球。总之,他说'只要能考上,去哪所学校都行',结果考上了工学系大学,就借了奖学金去上学。"

儿子上的是私立理科大学,学费很高。大学四年,大概花费超过500万日元。即使是这样,儿子也决定背上奖学金这笔"贷款"入学。

众所周知,奖学金作为一种"贫困生意"①,现在令很多年轻人苦不堪言。我的两个儿子也不例外。特别是次男读到了理科大学的硕士课程,背负超过800万日元的奖学金"贷款"进入社会。次男借贷的奖学金,除了我以外没有别的保证人,只能利用"机构担保"借贷奖学金,每个月需要交担保费。

在OECD各国中,只有日本的国立大学学费如此之高,而且发放型奖学金十分有限。

还要附带利息,哪里有奖学金的样子呢?通常情况下,在社会上借钱,需要审查收入金额以及还款能力。什么都不审查就借贷给前途未知的年轻人,还附带利息,如果不及时还款就会像消费金融那样收取逾期费。这也能叫奖学

---

① 看似援助穷人,实际令穷人更加阶级固化的产业。

金吗?这不是"贫困生意"又是什么?

顺便一提。叶子的次男还款第二年的时候,其中一个月的还款额是本金23000日元加上利息1200日元。奖学金总共分240次还款,第一次还款的利息是1296日元,第239次还款的利息是11日元。这是在还款的初期阶段收取利息的结构。

在如此严峻的情况下,叶子的儿子身上降临了奇迹一般幸运的事。

"前夫获得了一笔遗产,将它全部用来还儿子的奖学金。大概有500万日元。"

这样一来,儿子就不用背负欠款了,顺利以建筑公司正式员工的身份进入社会。

看到这个父亲的行为,我不禁想到在第一章出现的川口有纱的前夫。有纱的前夫几乎没有支付过孩子们的学费等教育费,为了让长男加入自己经营的公司,才拿出了钱。但这单纯是为了自己,而不是为了孩子们的人格和未来的花费。

为了和学生时代就开始交往的女友同居,叶子的儿子工作半年后,从家里搬了出去。

他26岁结婚。结婚典礼的时候,前夫露出灿烂的笑容。

"对于男孩子来说,父亲的角色很重要。父子俩志趣相投,有很多共同话题,看起来挺开心。前夫非常明确地说:'我特别喜欢儿子!'可能他生命保险的领取人也是儿子吧。所以我觉得不用担心儿子,他能生存下去。希望他早点买房，这是我的梦想。"

15岁的叶子，孤苦伶仃，初中毕业后不得不进入社会，后来成为一名单身母亲，她的儿子成功被录取为正式员工，在社会上立住了脚跟。叶子切断了贫困的传递。

惊天逆转，奇迹发生

前面提到长期研究单亲家庭的神原文子在《单亲有孩群体的社会学》一书中，这样说道：

"从父母的学历和孩子最终入学目标的关联来看，如果母亲的学历是'初中毕业或高中毕业'，孩子希望考上'短期大学、大学或研究生'的比例为37.9%；如果母亲的学历是'短期大学、大学或研究生'，则上述比例为71.2%，有巨大的差距。从中可以推测出，如果（母亲的）学历是'初中毕业或高中毕业'，因从事非正式工作而收入低的情况下，超半数的孩子也是'初中毕业或高中毕业'的可能性较高。"

在这篇论文中，神原推算出在母子家庭中长大的女孩非正式就业或无业的比例为45.3%，男孩为30.3%。

如果只看这个数据的话，叶子的儿子是例外中的例外。他能够不背负奖学金贷款，作为正式员工开启社会人的生活，只能称之为奇迹。这完全是因为他父亲愿意拿出500万日元用作儿子的学费，给予儿子支持。即使父母离异，父亲重视儿子，并且偶然间得到了500万日元的遗产，才促成了奇迹的发生。

试想一下，如果没有惊天逆转的奇迹发生，在非正式就业的母亲身边长大的孩子不可能切断贫困的传递。

只有身体是本钱

几年前，叶子工作的配送公司也将兼职员工加入了社会保险。

"由公司来交健康保险和年金，对我来说帮助很大。"

叶子现在的工作时间从早上 8:30 到下午 4:00。由于她在公司工作了很多年，时薪 1500 日元，每个月大概到手 20 万日元。叶子一个人住，饭费、电气费要比育儿时期少，她喜欢宅在家里悠闲度日，几乎不花钱娱乐，所以能存下来钱。

育儿已经结束了，不用担心儿子的未来。但是，叶子的未来不算明朗。

"这份工作依靠体力，不知道能做到什么时候。我现在才 40 多岁，所以工作起来没问题，到了五六十岁，体力还跟得上吗？这份工作能干到什么时候呢？"

对于这份工作，只有身体是本钱。叶子没有其他资格证书，也没有专业技能和技术，司机的经验可以运用到什么时候呢？她本人也不知道。

"我老了之后什么都没有。不能依赖儿子，他们两个人为了生活已经拼尽全力了，不可能援助母亲。"

虽说几年前她加入了厚生年金，但金额很少。她申请了国民年金免除，可能永远也无法还清过去欠下的年金。这意味着仅靠年金不足以养老。如果不能做司机的工作了，那就只能从事看护或者清洁等老年女性能做的工作了。后者也得依靠身体。

单身母亲结束育儿,成为单身女性,却没有能够安度老年生活的能力和资产,即使睁大双眼也看不到希望的微光。

叶子和众多的单身母亲以及单身女性有着共同的未来。

很多单身母亲急切地渴望结束育儿之后,能看到自己光明的未来,哪怕只有一丝希望。

## 大野真希:作为性工作者生存

大野真希(化名,40岁)是一位纤细美丽的女性。这次采访开始之际,我在自己的网站(现在已关闭)上征集愿意接受采访的单身母亲,她是唯一一个主动联系我的人。也就是说,真希是自愿报名,向我讲述自己"过往"的女性。

采访真希的时候,她和上高二的儿子一起生活。她的单身母亲经历大概有17年,婚姻持续时间很短。

真希在一个由父母和姐姐组成的四口之家中长大,老家经营着一家建筑公司。她从短期大学的英文专业毕业后没有就职,而是选择在夜总会打工。

"当时是就职冰河期,面试总是通不过……我本来就没有斗志,并没有拼命找工作,觉得打工也可以。真是太蠢了。有钱了就去玩,买衣服……一旦结婚当专职主妇就行了,当时想得很简单。"

真希重复说了好几次"愚蠢",她没想到社会如此不景气。当时是就职冰河期，真希是"失落的一代"，即使是男性，也很难成为正式员工。本来正式雇用的男女比例，男性就是女性的两倍以上。女性以被男性扶养为前提，从事低工资的非正式劳动，成为正式员工的难度比男性更大。

在一次偶然的聚会中，真希遇到了意中人，开始交往。男方高中时参加过全国足球大赛，虽然时间不长，但曾隶属于JLeague（日本职业足球联赛）。从高中时代开始，真希就是他的粉丝。

聚会后，两人马上开始交往。3个月后真希怀孕，接着奉子成婚。结婚时，真希22岁，丈夫23岁。丈夫当时是儿童足球队的教练。

"丈夫那个工作一点都不赚钱。我没有经过深思熟虑，就草率结婚了。因为是一直憧憬的人，所以上头了吧。真是太蠢了。"

真希断然和当时的自己分道扬镳。

连夜的聚会和暴力

一起生活之后真希才发现，丈夫每天喝酒像喝水一样，喝醉了就纠缠不休。不久之后，他开始对真希施暴。

"他扇我耳光，我都蒙了。我是不能忍受家暴……"

真希之所以强调"我是"，主要是为了区别于丈夫的母亲也就是真希的婆婆，她被公公家暴却一直默默忍受。公公每天也喝很多酒，对妻子拳打脚踢，婆婆常年忍受着他的施暴。

"丈夫喝酒很快,说一些有的没的纠缠不休,然后就打我的脸。第二天,他有时会道歉,有时会说自己稀里糊涂,不记得了。"

真希不能忍受,曾经躲到朋友家去,但丈夫会给他知道的真希的朋友打电话,把她带回家。丈夫控制欲很强,讨厌真希和朋友一起出去,限制真希的社交。

儿子出生之后,两个人居住在丈夫的老家。仅靠丈夫的收入无法养育儿子,无可奈何之下只得和公婆同住。

"家里不大,公公每天叫来丈夫的兄弟和自己的朋友一起聚会。钱全是公公自己出,洗手间每晚排队。如果家里是开商店的或者个体户的话,我还能理解,因为要招待客户。但公公是公司职员,他这么做我完全不理解。"

身为儿媳妇,不得不帮忙准备。真希深切地感到"在这样的地方,根本无法养育孩子",她也不能避免看到公公对婆婆进行语言和身体上的暴力。

"看到公公对婆婆施暴,更加难以忍受,我想尽快从这个家里搬出去,我只有这个想法。我实在不能忍耐等孩子长到3岁,或者再长大一点再离开这个家。"

孩子能立住头的时候,真希带着孩子回到了自己的老家,不打算再回到公公家。

半年之后,真希和丈夫协议离婚。虽然判定抚养费每个月5万日元,但是前夫没有支付过。催收抚养费没有强制力,再加上真希从朋友口中得知前夫立马再婚,有了孩子,于是作罢。

现在的话情况有所不同。2019年5月政府修正《民事执行法》,制定了"从第三方获取信息程序"的新制度,可以直接扣除支付方的工资,使催收抚养费成为可能。

## 在夜总会走钢丝的生活

老家的母亲常年卧病在床。父母和姐姐三个人的生活突然加入婴儿和真希,出现了不和谐的声音。姐姐是美容师,工作很辛苦,夜晚希望好好休息。但是,婴儿晚上的哭声使她难以入睡,父亲也感到焦虑。

"老家不是天堂,只是比丈夫的老家要好一些。我也想早点搬出去,但是抱着3个月大的婴儿没法动弹,结果,我在老家住了一年左右,才搬进附近的公寓。"

搬家的费用是从每月约4万日元的儿童抚养补贴里省出来的。但是,真希想去工作,孩子却进不了保育园。早在16年之前,保育园待机儿童问题就已经出现了。

"我跟他们说我们是母子家庭,也不行。不工作的话无法申请保育园;但不把孩子放在保育园,就没法工作。这不是矛盾的吗?"

这也是最近经常听到的母亲们的抱怨。

"实在没有办法,我把儿子放进了24小时营业的民间托儿所,就开始工作了。我希望能够在短时间内挣钱,所以就去了夜总会。时薪2000日元到2500日元不等,一周工作4次或5次。"

真希下午6点将孩子放在托儿所再去工作,凌晨3点开店里的车去接孩子。回到家,3:30就寝。早上7点,孩子起床，真希开始做早饭、洗漱、陪孩子玩，傍晚送孩子去托儿所。她每天重复这样的生活。真希一天只睡三四个小时。

"托儿所提供晚餐，保育费每月10万日元，加上房租、电气费每月10万日元，光这就花费20万日元，还有伙食费、孩子的尿不湿费和玩具费。算上每月4万日元左右的儿童抚养补贴，我每个月大概到手20万到30万日元。"

夜总会的工作仅能维持生活。不仅是经济捉襟见肘，身体也筋疲力尽。3个月后，真希可以使用家庭保育室这类认可保育所①了。家庭保育室就是保育人员在自己家里照看几个孩子。白天，把孩子放在这里，真希能够确保睡眠时间。

"我几乎没有和孩子接触的时间，3个月后，孩子就不想去保育所了。于是，我辞去了夜总会的工作，开始寻找白天的工作。"

真希没有资格证书，也没有职场经验，社会对一个1岁孩子的单身母亲，显得格外冷酷无情。

"仅仅因为有一个年纪小的孩子，就被拒绝。连应聘超市的兼职都被拒绝了。"

难道这个社会要抛弃这些带着年幼的孩子，拼命活下去的女性吗？即使是赞美着"女性活跃社会"的现在，现实依然没有改变，只是程度有些不同罢了。

---

① 认可保育所是指根据《儿童福祉法》，满足政府规定的设置标准（设施规模、保育士等职员数量、学校午餐设施、防灾管理、卫生管理等），获得都道府县知事批准的儿童福祉设施。

提供性服务

"根本找不到白天的工作,特别糟糕。"

真希跟从小学就认识的朋友吐槽。没想到这成为人生转变的契机。朋友告诉真希一件意想不到的事。

"其实,我在吉原①工作过。也不是说推荐,但短时间内能挣不少钱。他们能以公司名义提供向保育园出具的证明书,如果孩子生病,保育园老是打电话来,也没关系。如果是普通的公司,这样可是要被开除的。如果你想做的话,我给你介绍。"

真希看中的是能在白天工作。换工作后,真希从早上9点到下午6点把孩子放在保育所,自己从上午10点到下午4点工作,晚上和孩子一起度过。好在儿子每晚8点就寝,养成了规律的生活习惯。

这到底是份怎样的工作呢?

"店外面虽然挂着'高级桑拿'的招牌,实际上是提供性服务的场所。一般是一个人50分钟的服务。客人白天也会来,一周做4天,月收入50万日元左右。一个客人1万日元,一天5个客人的话,就是5万日元,扣除3000日元左右的杂费,当天到手4.7万日元。"

真希没有任何犹豫地直接说出"性服务"。话题朝着意

---

① 吉原是日本江户时代建于江户近郊公开允许的妓院集中地,位于现东京都台东区。

料之外的方向进行，我吓了一跳。老实说，我无法掩盖自己的震惊。真希是自己联系我的，她想向我表露"真实的自己"，她并不以此为耻，而是以此为傲。

我第一次听说一个人1万日元如此具体的数字。更令人吃惊的是，这家"店"为了伪装性产业，采用了各种各样的手段。真希表面上是贩卖化妆品和首饰的公司职员。公司给员工发工作证，不仅向政府提供工作证明书，还出具销售人员的工资明细，是家挂羊头卖狗肉的公司。

"儿子到现在还以为我在做销售首饰的工作。"

然而，虽说是工作，真希对于给别人提供性服务这件事也不是没有抗拒过。

"一开始很痛苦，不喜欢这样的工作。但是不喜欢又怎样，我还能做什么呢？什么都不会，怎么生存下去呢？所以，厌恶没有意义。店家比较保护女性，虽然有讨厌的客人，但是到现在为止还没有谁做过太出格的事。"

真希晚上待在家里之后，孩子出现了变化。

"最令人欣慰的是孩子的状态逐渐稳定。晚上睡眠变好，不会睡不着，也不再讨厌去保育所。"

前面提到，母子家庭的贫困率超过50％，很多单身母亲不仅要在白天工作，还要在晚上工作。这样一来，孩子晚上就只能一个人在家。不难想象，这会给孩子的成长带来多少不稳定的因素。

真希优先考虑的是孩子能有稳定的心理状态。

从那个时候开始，真希开始提供性服务，成为一名性工作者。

我想有人会追问"卖春"的合理性。他们想要废除依靠性行为来赚钱的行为，他们可能认为真希的所作所为是对女性的暴力，是认可性别歧视。他们会说性工作是深陷贫困的女性实在别无选择才不得不做的，没有女性会主动从事这个行业。

但是，真希虽然"讨厌"这份工作，却是为了生活自主选择了这份工作。如果按照自己的意愿选择的事情，也被看成是"受害者"，那不也是一种无视个人自由意志的歧视行为吗？①

真希这样说："社会通常认为女性性工作者会被男招待骗钱，但我没有遇到过这样的事，身边按照自己的意愿选择的人也有很多。家里男人是软饭男的确实不少，但大家不是被迫工作的，都是自己的选择。"

不是所有的卖春都存在虐待或强迫，店家也没有利用金钱来支配，使她们服从。恰恰相反，出现有问题的客人时，店家会保护女性性工作者。这些都是真希的亲身经历。

## 考上录取率超低的高中和 1000 万日元的存款

真希的儿子在一所首都圈的名牌私立大学附属高中就读，那所大学以极其难考闻名。高中毕业后，他应该会进

---

① 作者前文已经说明，真希的职业选择受不完善的社会福利制度影响很大。保育园申请制度的不合理、就业环境的严酷等，都压缩了她的选择空间。社会没有给予单身母亲足够的支持，讨厌性工作的真希在生活压力下只得放弃一部分身体的自由，以换取母子更好的生存状态，她的"自主选择"应当被视为一种"被迫的自愿"。——编者

入日本数一数二的私立大学,成为一名精英。这是仅靠个人的优秀很难实现的道路,还和学习能力、学历和经济能力有关,也就是存在所谓的教育差距。

在育儿方面,真希把前夫当做反面教材,不想把儿子培养成"只知道足球"的人。

可能出于对父亲的憧憬,儿子从小学开始练习足球,初高中加入了足球部。不过,真希为了避免儿子一年到头都沉迷于足球,在暑假等放长假的时候,就让儿子参加工作营,去各种各样的地方,积累丰富的经历。当然,这也是考虑到孩子不在的话,自己工作起来更方便。

儿子从小便开始体验各种各样的"文化资本",这也成为他能考入录取率超低的高中的很重要的一个原因。

"我让儿子寒假和春假去滑雪,暑假去大约3次夏令营。四晚五日的行程,大概要花费5万日元。那段时间,我一直在店里工作,所以没问题。"

儿子上初中时,经过学校的推荐,被自治体主办的海外留学项目选中。

"为留学准备的研修有10次,儿子不得不停止社团活动。他对此抱怨过,我一直对他说'把所有的时间都用在社团活动是一种浪费,不好'。"

结果,在考高中的面试中,他运用到了参加海外活动的经历。当然,为了考试,他也上了补习班。

"上小学的时候他只玩足球,初中一年级学期末的时候就去补习班上课了。中考补习班很贵,仅初三一年,教材费、交通费、模拟考试费全部加起来,就花了100万日元以上。"

真希的儿子也考上了公立高中，但他希望不考试就确保进入大学，所以选择了私立大学附属高中。那是一所名牌私立大学，学费很高，真希没有借教育贷款，全部用现金支付。除学费以外学校的制服费和社团活动的制服费就要20万日元。就算父母都工作，也难以承担这么高的开销吧。

"孩子上高中的时候，我大概有1000万日元的存款，所以能够支付100万日元的学费。如果不从事这个工作，不知道会变成什么样子。"

真希很轻易地说出存款有1000万日元，这是她第二次令我震惊。采访初始，真希开门见山地说"我的情况不算贫困"，原来是这样啊。即使当上正式员工，单身母亲也很难有这么多的存款。

"如果不是从事这个工作，我就没能力让儿子上名牌私立大学的附属高中。儿子也不可能悠闲地踢足球。那时候，朋友偶然介绍了这份工作给我，才有了今天。若非如此，我可能会把儿子送进福利机构，我不知道自己能不能养活他。"

真希儿子的过去、现在和将来可能有天壤之别。虽然没有父亲的陪伴，但是他得以茁壮成长，踢喜欢的足球，成绩优异，走上精英之路。对于当时没应聘上超市收银员的真希来说，还有什么样的选择呢？最终只能是依靠生活保护吧。不，孩子的父亲健在，申请有可能通不过。等待真希的是母子两人一同陷入孤苦无依的境地，勉强维生吧。上大学，那几乎是不可能实现的梦想。

采访的时候，真希是"人妻型应召女郎"，一个月收入约 30 万日元，每周工作 3 天或 4 天，工作时间从上午 10 点到下午 4 点。

"现在不景气，一天接待不了 5 个客人。店里是不提供到店服务的，是在客人喜欢的地方做，收到邮件之后，我们会去他们指定的地方。客人的外表不重要，出手大方、给钱多的就是最理想的客人。"

真希的期望是这种状态能持续到儿子大学毕业的时候。

"我对儿子说：'要是留级，那一年的学费我可拿不出哦。'总之，我会做到儿子大学毕业，找到一份喜欢的工作之后。儿子的志愿是理科，私立大学的理科学费不是挺贵的吗？我总是为钱发愁，没钱是转瞬间的事。儿子大学毕业之前，肯定需要钱。"

不可抗力——疫情

真希打算把做这份工作做到 50 岁，还有 10 年。

"孩子长大之后，晚上去工作应该也没有关系了。熟女类的夜总会、酒吧都可以。"

育儿结束后，真希打算一个人生活，不考虑再婚。

"我算是明白了，男人都靠不住。如果有好人，能发展成客人我就很高兴了。结婚这种事就算了。已经失败过一次了，我对婚姻不抱希望。"

和之前采访的单身母亲不同，育儿结束后，真希不会陷入贫困。她按时支付年金，但仅靠国民年金难以维持生活,所以她还在为养老储蓄。最终能存多少钱尚不得知,总之是有存款的。

看来只有性风俗产业能够支撑单身母亲的生活,真是讽刺。像我这样的自由写作者,一有个风吹草动就灰飞烟灭。但是,不管怎么说,我可以让两个儿子过上能选择自己未来的人生。当然,我不打算让儿子们照顾我的晚年。这样说不太准确,确切地讲,从第一章出场的渡边照子和川口有纱的孩子们的情况来看,在经济不景气的情况下,孩子都自身难保,更别提照顾母亲了。

竟然有这样的世界!凭一己之力给儿子提供最优质的教育环境,为他保障一个稳定的未来。我被一个性工作者的气势压倒,自己和她相比是天壤之别。看起来好像容易依赖人的真希用淡然的语气讲述这一切,令我佩服的同时也带给我巨大的冲击。

但是,疫情改变了现状。性风俗产业是人与人密切接触最多的行业,不可避免受到影响。2020年5月,政府发布第一次紧急事态宣言。我刚给真希发邮件询问她的近况,她的回信马上就来了。

"正像你所观察的那样,完全没有工作。虽说店面在营业,但几乎没有客人光顾。我已经将近两个月没去店里了,最近的情况不是很了解……

"不过反过来讲,就算现在能赚钱,因为这个而感染就说不清楚了,所以我还是选择暂时休息。其他的女孩子也没怎么赚到钱,虽说增加了工作的时间,但是没有客人来,待在休息室容易发生群体感染。"

还有学费没有支付,真希想要借贷自治体的紧急小额资金,连续一周给窗口打电话,但是一直没打通。

这种情况下,真希最后在邮件中说:

"电话即便打通了,也要等到一个月之后才能面谈,面谈之后再等一个月才能借到钱。看来谁也靠不住,我还是只能靠自己。"

新冠肺炎感染平息之后,性风俗产业仍被严格要求自肃(自我约束)。真希会如何应对变化,生存下去呢?

迄今为止,真希都靠着自己强大的意志构建和儿子的生活,但是现在出现了不以真希的意志为转移的不可抗力——疫情。疫情不断迎来第二波、第三波、第四波,在最容易被浪潮席卷的地方工作,即使有存款,真希的未来似乎也不太稳定。再说了,依靠身体的工作,常常伴随着暴力和感染的风险。

在这个国家养老需要2000万日元。现在40岁还年轻,20年之后,30年之后,真希能否安度晚年还是未知数。

单身母亲拼命工作,将孩子们抚养成人之后,等待她们的竟是更艰难的未来。为什么这个国家的社会会变成这个样子?

**小林尚美:育儿的时候如果多一个帮手的话**

小林尚美(化名,53岁)是一位笑起来很美,看起来很温柔的女性。从她的描述来看,她和前夫的生活很不寻常。

尚美是公司白领，31岁结婚，结婚后成为专职主妇。34岁生下长男，37岁生下次男，39岁决定离婚，回到了老家。

尚美回忆8年的婚姻生活，没有一家团圆的温暖时刻。

"丈夫在自己的房间准备好暖炉和电视，拿着酒和游戏进去之后就不出来了。孩子们想和爸爸玩的时候，就必须去他的房间。一家四口去购物的时候，丈夫也只是在外面抽烟。我和丈夫之间完全没有心灵的交流。"

当初是被他冷酷、独来独往的性格吸引而结婚，谁承想完全没有甜蜜的新婚生活。

"婚姻生活从最开始就令我痛苦，全部都得按照他的意愿进行，他从不在乎我的想法，两个人基本上没办法交流。"

为了开启新生活，尚美提议"两个人多交流沟通一下吧"。听了这话，丈夫瞬间暴怒。在几乎疯狂的丈夫面前，尚美放弃了自己的提议。

尚美经常受到丈夫的冷暴力。

"比如说，做了他不喜欢吃的饭，他不跟我说'这个能不能这样做一下'，而是沉默地站起来，往泡面桶里加热水，拿到自己的房间去。泡面成箱地买，放在他自己的房间里。"

在丈夫面前，尚美感觉不到自己的存在，好像一个透明人，很悲惨。用无视这种冷暴力来惩罚妻子，不就是精神暴力吗？

丈夫经常开着灯和电视睡觉。尚美提醒他浪费电，被他呵斥一顿。"这是我的慰藉！什么时候轮到你说三道四！

想想是谁在赚钱!你活着的目标是什么?我为了家庭赚钱,你不就是整天都在玩吗?"

他每次都不承认自己的错误,转变话题,轻视尚美,怪罪到尚美头上。不仅仅是这些,他还故意刁难尚美,有一个"事件"令尚美无法忘记。

怀次男的时候,尚美因先兆流产住院,整日睡觉,特别安静。两岁的长男由尚美的母亲照料,尚美很想见到长男,所以拜托丈夫把长男带来医院。丈夫来到尚美的老家,以"(和尚美)见面"为由带走长男,然后就把长男带到了自己的老家。

"我想见儿子,从早上就开始等……我嚎啕大哭。别说跟他沟通了,他还这样故意刁难我。"

"刁难"尚美最过分的一次,尚美把两个儿子留在家里,自己出去买东西。她一回家就得给次男做离乳食,很着急,结果玄关门的链子被挂上了,她怎么也进不了家门。

"我听到了次男的哭声,他正饿着肚子,我必须马上做离乳食。我一直按门铃,丈夫就待在玄关旁边的房间里不出来。长男对丈夫说:'爸爸,妈妈回来了。'他也不理。幼小的长男不管怎么蹦,都够不到链子。"

等了15分钟之后,锁开了。丈夫什么都没说就钻进自己的房间关上了门。怒上心头的尚美推开房门道:"我再也受不了你无视家庭生活了!"

"你才是呢,把我拒之门外!"

偷换概念,绝不认错,是他惯用的伎俩。

"他搬出以前芝麻点大的事来责怪我,我真的很生气,和他推搡起来。结果我的手被他用力握住拧了一下，手失去了力量，眼看着变得又红又肿。"

骨折了。饿肚子的次男还在哭，但手骨折的尚美什么都做不了。她把母亲叫来，丈夫看不惯，暴怒。

"他生气，踢墙，对母亲说'外人别插嘴！'，气得母亲发抖。他对我说，'让你母亲回家'……"

尚美受伤严重，3个月才痊愈。但她仍然没有放弃，努力维持婚姻生活，被结了婚就不能离婚的传统观念束缚着。

但是，丈夫擅自更改银行卡的密码，尚美连生活费都不能取了。

那个时候，尚美偶然间了解到"精神暴力"这个词。

不是自己的错

尚美听说"精神暴力"[①] 这个词时，总觉得心中哪里被牵动了。她想查一下是什么意思，随手在电脑上搜索"精神暴力"，结果怔住了。

"啊，这个、这个和这个……这些全部是丈夫的所作所为。和丈夫做的事情全部对上了……"

精神暴力指的并不是拳打脚踢之类的身体暴力，而是通过语言和态度伤人的攻击精神层面的暴力。加害者以自我为中心，有自己的规则，不承认自己的错误，不能共情

---

① 原文"精神暴力"用的是"モラハラ"这个日语外来语，即"モラルハラスメント"（moral harassment）的缩写，很难从发音或字面上猜测其含义。

他人的情感，持续数周以上无视或者蔑视对方，让对方精神上受伤崩溃，是非常危险的暴力行为。受害者基本上以为错在自己，害怕加害者，想要逃离却无法逃离。

根据令和第二年度的司法统计，女性申请离婚的理由第一位是"性格不合"，第二位是"不给生活费"，第三位是"精神虐待"。"不给生活费"也属于精神暴力的范畴，利用金钱困住妻子、束缚妻子。

尚美终于知道了结婚8年她为何觉得"难受不安"。这绝不是自己的问题。

"每个网站上都写着精神暴力无法纠正，必须离开家，必须调停离婚，协议离婚几乎不可能。有人形容这是和猛兽住在一起，肯定会给孩子带来不好的影响。让孩子看到父亲辱骂母亲、蔑视母亲，也等同于虐待孩子……"

尚美终于明白自己被丈夫夺走了作为人的尊严，丈夫对她做了非常糟糕的事。和猛兽住在一起……对，就是这样！了解到全部真相的尚美恐惧不已。

迄今为止的生活早已让尚美明白，和丈夫没有商量的余地。她带着两个孩子离开家回到老家，决心再也不回到丈夫身边。

## 丈夫成为调停狂

和前面提到的大野真希不同，老家对于尚美来说是安心的地方。父亲因为半身不遂瘫痪在床，母亲全力支持家务和育儿。长男在上幼儿园中班，2岁的次男经过待机时间，获得了保育园入园资格。尚美在家做些录音转录和单发派遣①工作。

"录音转录一周3次，派遣一周3天，每月收入大概七八万日元。我有一些积蓄。母亲的支持帮了大忙。我可以安心地把孩子交给母亲，即使孩子发烧我也能工作。"

离婚的时候，尚美有600万日元的积蓄，是在做公司白领的时候攒下的。老家的房子是自己家的，不用交房租，电气费和生活费基本上是父母支付，尚美在这样好的环境中得以开始母子生活。

但是，离开家之后，丈夫仍然纠缠不休。协议离婚没有希望，尚美便要求调停离婚。结果，从调停到真正离婚用了1年又2个月，律师费花了60万日元。尚美有600万日元的积蓄，所以才付得起律师费，这是离婚的代价。

"经历了10次调停，真的很痛苦。他每次都会来，我明明不想见到他。"

离婚达成的时候，尚美申请了儿童抚养补贴。每月4万日元多一点的补贴和每月10万日元的抚养费，再加上尚美的收入，慢慢地也能存些钱。

尚美虽说没有经济上的不安，但前夫不是"正常"的男性，这成为巨大的枷锁，让尚美感到痛苦。前夫成为调停狂，凭借强大的执念让尚美不断地参与调停，都称得上是"调停攻击"了。

"离婚后不久，前夫发起抚养费减额调停。他还在另一

---

① 单发派遣指工作时间在1个月内的短期派遣，最短工作时间可以只有1天。

间法院发起见面交流调停。这就成了两个案子，律师费花了80万日元。"

80万日元的花费远远超过尚美的预想，从那之后，尚美不再找律师，自己一个人和前夫战斗。到现在为止，他已经接连发起了三次调停。

"离婚不到一年，他就发起抚养费减额的调停，他以房贷为由，提出给每个孩子支付1.5万日元的抚养费，这么低的抚养费，他是在开玩笑吗？从10万日元减额到3万日元。前夫再婚，买了房子，为了还房贷减少抚养费，开什么玩笑！前夫发起的所有调停都没有找律师，全靠自己诉讼，他就是这种麻烦人。"

经过数次抚养费减额调停，抚养费从刚离婚时的10万日元，变为8万、6万，最终定在7万日元。但是，这能持续到什么时候还是个未知数。离婚之后，每当尚美要忘记这段婚姻时，就会收到法院来的传票。

"即使离婚了，我也被束缚着，快要忘记过去的时候法院的传票就来了，生活无法向前。在法院的等候室，看着周围人，我不禁想：'这些人调停结束之后，和前任就再也不见了，但我不得不一直来到这里……'我不想再战斗了，但又不得不战斗。前夫很执拗，报复我似的发起调停。"

离婚已经13年，尚美接下来还有一两次调停要应对。

发展障碍

成为母子家庭，尚美开始工作之后，本来打算从早上到下午将次男放在保育园，但应她母亲的强烈要求，次男也上了幼儿园。

"母亲说，不要让兄弟之间产生太大的差距，既然家里帮忙照顾，那么幼儿园的学费也能交得起。母亲绝不退让。幼儿园放学早，所以我将放学时间延迟到了下午 6 点，包括延时费在内，每月学费 4 万日元。"

那段时间，尚美的工作以派遣为主。时薪 1300 日元，工作时间从 10 点到下午 4 点，对于有小孩的人来说刚好。包括做饭在内的家务，全部由尚美的母亲承担。

"家务都交给母亲，这样真的好吗？如果我当时去公营住宅的话，母亲也许就不会患上原因不明的病。现在一想起母亲的事，我就懊悔不已。"

次男上小学之后，尚美"决定成为一名正式员工"，利用儿童抚养补贴领取者专用的职业训练制度，从头开始学习电脑，获得了微软公司的《Microsoft Office 专业人员》资格证书。当时她 43 岁。

2002 年，政府修正《母子及寡妇福祉法》，削减儿童抚养补贴的同时，推出就业支援政策。尚美正是利用了这个制度。当时，政府明确将母子家庭支援政策从"以儿童抚养补贴为中心的支援（福祉）"转向"促进就业与自立的综合性支援"。由此看来，2002 年的修正（"改恶"）进一步加大了单身母亲的负担。

领取儿童抚养补贴超过 5 年的话，补贴额将会减少。当时，我身为补贴的领取者，为补贴制度的"改恶"感到寒心。儿童抚养补贴是单身母亲的生命线，国家实行削减补贴的制度，令当事人感到愤怒。

另外，国家大肆宣传推出各种"就业支援"政策，但没有一个我能使用的。这不过是装模作样，比划出"我做了"的姿态。比如说，如果为获得护士资格证书去上看护学校，政府每月会提供 10 万日元，但是究竟有多少单身母亲会使用这项政策呢？每月才 10 万日元，不工作根本吃不起饭（民主党政权将金额提高到了 14 万日元，自民党掌权后，又调整到了原来的 10 万日元）。就算想成为护士，靠这个金额去上学也远远不够。只有像尚美这样生活有余裕，有父母帮衬的单身母亲才能使用这些政策。

获得证书之后，尚美成为司法书士事务所的正式员工，工资每月 15 万日元，没有健康保险和厚生年金，奖金一年一次。

"下午 6 点下班，不用加班，所以我选择了这份工作。当时，三个人每月要交的国保将近 3 万日元。我没有支付国民年金，欠缴了。虽说工资低，但是工作环境好，在这工作到死也可以。"

尚美开始全职工作没多久，小学三年级的长男遭遇校园霸凌，随后检查出发展障碍。

"是自闭症谱系障碍，以前叫做自闭症或者阿斯伯格症，他也有 ADHD、多动症的倾向。他很执拗，没有协调性。确实从他小时候开始，育儿就让人焦头烂额。看见自己感兴趣的东西，他就不管不顾地去拿，会突然拿走其他孩子的东西，还有几次迷了路。"

尚美无论如何也接受不了自己的孩子患有发展障碍。

"主治医生告诉我，他'智商高，但要注意多动症'。我为他的未来感到悲观，为生了这样的孩子而自责，每天晚上以泪洗面。当时只有这样的想法。我拼命地查看疗育机构，去了很多地方，每月还接受一次医院或者心理医生的家长培训，总之很努力地去做。"

为了长男拼命奔走的那段时间，尚美把次男完全交给了母亲，几乎顾不上次男。直到现在，她还在为此后悔。

网络成瘾

尚美 47 岁的时候，司法书士事务所缩小规模，她被贬为兼职，于是决定换工作。

那个时候母亲生病住院，不能照顾外孙们，也不能做家务。

艰难的尚美去和当地的母子寡妇协会商量，窗口人员告诉她有会计相关的资格证书就可以。尚美通过了一所商业专科学校的考试，成了一名学生。这家商业专科学校是自治体运营的职业训练学校。

"在专科学校上学，主要是为了延长失业保险。上课时间是从 9∶20 到 16∶10，学习任务很重。最后，我拿到了信息处理技能检定二级证书和簿记检定三级证书，成功入职一家点心制作公司，成为营业事务职位的正式员工，现在仍在那家公司工作。"

尚美的年收入约 290 万日元，终于能不缴国保，享受厚生年金等社会保险制度的保护了。从白领时代到现在，她一共攒下1000万日元的积蓄，两个孩子都加入了250万日元每人的学资保险。

生活看起来应该是安定的，但是尚美摇摇头。采访的时候，长男上私立高中三年级，次男上公立初中三年级。

"长男上的私立高中学费太贵了。中考的时候班主任说，像他这种情况进入公立高中会比较难。私立高中对学生比较关照，对他来说绝对是好的。但是，学费很贵，交通费也不少，制服费还很高。"

正好那年不仅公立高中，私立高中也实行了就学支援金制度，尚美得到自治体每年60万日元左右的补助。幸亏有这个补助，3年的学费自己只用负担120万日元就可以了。

"如果没有补助，上私立学校绝对不可能。长男即便上大学也不能去打工，不知道以后要花多少钱。而且，次男现在不去学校，网络成瘾。他小学四年级的时候外婆生病住院，家里没人，我为了长男的治疗和教育东奔西走，次男基本上都在一个人的世界中度过。"

成功应对前夫的调停攻击，努力学习拿到资格证书，靠自己的力量开辟了一条成为正式员工的道路，这样坚强的尚美却湿了眼眶。

"次男从小学四年级开始一直一个人。如果那个时候我不把全部精力放在长男身上，减少一些工作，陪伴次男的话……他本来就是个没有协调性、顽固的孩子，我那个时候就算做兼职，也应该让次男生活在一个有温暖气氛的家庭里……我总是传递给孩子紧张兮兮、必须拼死努力的情绪。我在拼尽全力，孩子却感到疲惫不堪。"

和配送司机森田叶子相反。叶子即使贫穷，也优先陪伴儿子。第一章出现的球童水野敦子也一样。叶子依靠前夫带来的奇迹切断了贫困的传递，敦子却陷入个人破产的地步。

尚美有自己家庭的支持，以及正式员工的地位和积蓄。她贯彻了国家推崇的单身母亲的生存方式即是"去工作！去自立！"的政策，却因为没有花更多的时间陪伴次男而泪流满面，痛哭不已。

国家的单身母亲政策缺乏"单身母亲需要照顾孩子"的视角。尚美努力工作，现在却发自内心地后悔了。

"次男因为网络成瘾两次去医院，现在在家里一直玩电子游戏。他连吃饭都顾不上，已经成为废人了。如果我关掉 WiFi，他就挂上玄关的链子，不让我进门，对我大吼'把网连上！'，还叫来警察。我叫来开锁师傅，像闯进自己家一样……"

"人手不够，"尚美说，"两个孩子都需要花费我很大的精力，他们都不是靠自己的力量就能够融入社会的类型，必须用外力帮助他们和社会接触，但是我一个人是不够的。如果有定期照看、长期守护他们的人就好了。"

单身母亲们的育儿陷入多么孤绝的境地！尚美面临的问题在于"人手不够"。如果除了家庭和学校以外，还有一个大人关心孩子的场所的话，能为单身母亲减轻多少育儿方面的负担啊。

次男上初三那年冬天，尚美带他去久里滨医疗中心网络成瘾门诊接受治疗,他自己意识到"再这样下去不好"。次男本来非常排斥去门诊看病,尚美费了好大一番功夫才将他带到诊疗室,这次终于看到了曙光。

采访过去大半年之后,我给尚美发邮件询问疫情期间的生活情况。

"两人分别考上了大学和高中,但是疫情期间不能出门,生活节奏被打乱了。"

长男考上了私立大学的农学部。令人担心的次男按照自己的意愿,考上了私立高中的通信制课程,很多不愿去学校的孩子都会上这所学校。

不管怎么说,尚美一家摆脱了最糟糕的状况。身为正式员工,尚美没有因为疫情面临经济贫困。但这就意味着尚美的未来是安稳的吗?

"我要工作到65岁,但两个孩子的教育费从现在开始还需要花费很多。长男上的是私立大学的理科,学费非常高。我没有想过会度过悠然自得的老年生活。虽说有自家的房子,但房龄已经36年了,修缮费用也会很多。如果孩子们不能自立,一直依赖我的话……"

正要开始新生活的时候,调停又来了。采访的最后,尚美哭着说:"我这么努力,按理说应该能过上轻松的生活,但现在的生活,一点都不轻松。我有时候想是不是我的生活方式是错误的。"

对于是正式员工、有储蓄有房子的尚美来说,这让她痛苦不已。这个国家的单身母亲的未来真是举步维艰,八方受阻。

去工作！去自立！

"不管怎么努力，生活都不能变轻松。"

小林尚美从心底里迸发出的想法是单身母亲们共同的经历。本书中提到的六位单身母亲都非常努力，拼了命工作养育孩子。结果，育儿结束后，却无法度过一个安宁的晚年。

她们虽然是单身母亲，但首先是一个人，是一名女性。作为一个人，应当能享受闲暇时光，去美容院做美容，让身心得到放松。咬碎牙齿只为了生存，这不是人生。因为是单身母亲，就应该限制享乐，这种事情不合理。但是，国家只说"去工作！去自立！"，对于一名女性心理上的关怀，对于帮助她们享受人生的支援，一概没有。

在海外的电视节目中，将两个女儿养大成人的独居单身母亲，白天在肉店工作，回家以后弹奏喜欢的钢琴，享受自己的时间。这和日本的情况有天壤之别。独栋的住所十分宽阔美丽，窗外绿树成荫，一位中年女子沉醉在钢琴的音色中，从这幅画面中便可看到一段丰富的人生。这是我们没有的生活，是无数次看着自己粗糙辛劳的手想要拥有的生活。为什么将孩子养大成人后，等待我们的不是这样的未来呢？

# 采访　受惠于福祉是一个误解

神原文子（社会学者）

　　采访完单身母亲们之后，我所看到的是老无所依的未来。为什么在这个国家，单身母亲独自操心苦恼，把孩子养育到成年离家之后，不能够享受自己的生活，过上安度晚年的日子呢？

　　社会学家神原文子常年和有孩单身女性以及她们的孩子密切接触，进行调查研究，针对现状持续提出问题。我就"单身母亲的晚年"采访了神原文子。单身母亲到底被困于一个怎样的现实之中？如果这里面有特殊的机制，我希望她能指出被掩盖的事实。

　　对神原的采访从2008年年末的"跨年派遣村"开始。那年，遭遇雷曼冲击的企业通过终止派遣度过了危机。结果，从事派遣工作的男性劳动者同时失去了工作和住所，在大街上流浪。过年期间行政窗口关闭，跨年派遣村便是以救助这类人群为目的而开设的。

　　社会第一次目睹男性的贫困。但是，女性的贫困仍未被关注。正像本书所讲的那样，比起男性，女性更早从事非正式工作。

"首先,我想要问的是,为什么女性的贫困不被看见呢?跨年派遣村也是如此,社会只是对男性,特别是年轻男性贫困的事实感到诧异。"

神原点点头,慢条斯理地说:

"2010年代之后,女性整体的贫困率非常高这件事才逐渐受到关注。据内阁府《男女共同参画①白皮书》的数据显示,儿童的贫困问题显著,约半数处于贫困状态的儿童来自单亲家庭,高龄者中也是女性的贫困率较男性更高,社会这才认识到女性的贫困。

"正像你刚才所说的,雷曼冲击的时候,遭遇派遣终止的男性流浪汉问题被当作一个重大的社会问题,然而女性的贫困却不怎么受到关注。"

那个时候,为什么女性的贫困没受到关注呢?

"为什么呢?日本女性如果结婚,作为丈夫的扶养亲属,那么贫困的风险就非常低。实际上这类女性占大多数,所以女性的贫困不被看见。从1990年代开始,从事兼职工作的专职主妇逐渐增多,但因为她们被丈夫扶养,兼职收入低不仅没有被当成一个问题,对于从事兼职工作的已婚女性和雇用者来说,反而是互惠互利的。

"女性非正式就业逐渐扩大,母子家庭就算处在最底层也有安全网,有些女性从事性交易获得收入,有些女性辗

---

① "男女共同参画"直译是"男女一起参与计划",日本内阁府官方英文翻译为"gender equality",即"男女平等"。

成为单身母亲之后

转在朋友家以极力避免在大街上流浪,所以,社会没有将女性的贫困当成一回事。"

靠丈夫扶养,妻子贫困的风险非常低,这样的时代马上就会成为过去。现在,男女如果不同时工作,就不能养育孩子的夫妇逐渐增多。

雇用的流动化

第二章详细讲述过女性贫困的起点是 1985 年。神原提出了一个对我来说是晴天霹雳的观点。

"我之前跟你说过 1985 年是'女性的贫困元年'。这是现在女性贫困成为一个严峻问题的起点。

"我想要强调的是,1985 年时离婚的不多,所以单亲家庭也不多。再加上,1985 年和现在有一个很大的不同点:离婚女性不做兼职工作,而是从事全职工作。"

确实,以我为例,长男 3 岁的时候我开始找工作,虽说没有经验,也应聘上了专门出版行业报纸的中小出版社编辑部的正式员工。那是 1989 年。3 年之后我跳槽到另一家出版社的编辑部,也是正式员工。

跟"现在"相比,可以说我是在一个幸运的年代开始了母子家庭生活。

当时,每月到手工资 20 万日元左右,每年发两次奖金,再加上每个月 4 万日元左右的儿童抚养补贴,我甚至有余力带着孩子出去旅游。母子两人睡在卧铺特急列车的小床上,我和长男游历了四国和山阴,如今想起来还很愉快,是很宝贵的回忆。

和现在是天壤之别。也就是说,当时和现在是完全不同的社会,当时是单身母亲只要工作就可以养育孩子的社会。

神原重重地点头。

"当时,离婚女性在事务性岗位、服务业、工厂等各种各样的职场中作为正式员工工作。

"但是,从1980年代后半期开始,社会以雇用的流动化之名推行非正式雇用,而非正式化的主要对象是女性。这不仅限于有配偶的女性,还扩大到未婚女性,也包括离婚成为单亲母亲的女性,不管怎么找工作都只能找兼职,如果不是特别优秀就不能成为正式员工。"

雇用的流动化,是一个表里不一的词。

"确实是这样。说起雇用的流动化,有人说'谁都能活用能力,在想工作的时候自由地工作',这种话听起来倒是挺好听,对于雇用者来说,没有比这更好的事了。雇用的形式有兼职、派遣和委托等各种各样的形式,不管哪种形式工资都只有正式雇用的一半,而且是有期雇用,什么时候解雇都可以。对于雇用者来说'求之不得'。这种情况就像是理所当然形成的一样。

"被编入这种雇用流动化结构之中的不是男性,而是女性。

"看这20年间女性的正式雇用和非正式雇用的比例,正式雇用不到一半,非正式更多。国家呼吁给予女性就业支援,号召女性进入社会,女性的就业率增加了,但增加的是非正式雇用。"

即使工作也无法维持生活的工资体系

日本社会普遍认为即便做相同的工作，非正式员工的工资也应该比正式员工的工资低。神原强烈否定了这个想法。

"问题是日本的正式雇用和非正式雇用形式中没有形成同一价值劳动同一工资的体系，所以非正式员工的工资低也没有办法，被置之不顾。像其他发达国家那样，同一价值劳动同一工资的体系生效的话，不管是全职还是兼职，换算成时薪都是同样的金额。

"在欧洲，全职和兼职的区别只是一天的工作时间不同。全职工作 8 个小时，兼职选择工作 4 个小时或 6 个小时。工作 8 个小时的员工工资当然是工作 4 个小时的员工工资的两倍。然而，在日本，兼职工作 8 小时工资还不到正式员工的一半。

"就工资体系而言，正式雇用的工资能保障生活，也就是能保障扶养整个家庭。非正式雇用不是这样，要么是最低工资，要么比最低工资稍微上调一点点，特别在女性的劳动市场中，这被当做理所当然的事。"

身为单身母亲的女性拿着低工资，就像完全不用抚养孩子似的。

"确实是这样。做兼职的主妇或者专职主妇这些被丈夫扶养的女性，离婚之后成为单身母亲的话，只能从事兼职一类的工作。当然，工资比较低。这是因为最低工资很低。

在各个发达国家中，日本的最低工资低得离谱，这个问题直接影响到贫困。

"比如说，最低（小时）工资有 1200 日元，工作一个月可以赚 20 万日元左右，再加上儿童抚养补贴和儿童补贴，一个月有 25 万日元左右。这样的话，勉强可以摆脱贫困。虽说东京的最低（小时）工资超过了 1000 日元，但其他地方仍是 800 多日元。

"而且一边养育孩子一边工作的话，一天能够工作的时间有限。家务和育儿都得靠一个人来做。这样一来，一个月再怎么努力做兼职，收入也最多 14 万日元左右。"

查阅最低小时工资（2021 年 10 月）发现，东京最高，为 1041 日元；高知县和冲绳县最低，为 820 日元。最高才 1041 日元，这也能叫发达国家吗？

即便工作 7 个小时一个月也只能收入 14 万日元，老实说，想要节约花费很难。

"特别是离婚之后大多数人住在民间的租赁住宅，每个月房租负担很重。就算便宜也得 5 万日元，东京的话 7 万日元。如果收入不满 20 万日元的话，房租会成为多大的负担呀！

"而且，现在每个人都有手机，手机费也是一笔支出。孩子的学费虽说免费，新学期开始的话要买文具或者教育的相关用品，高中生的话还要买定期券①，修学旅行的费用也是一个负担。"

---

① 为固定期间内在固定区间频繁往返的乘客设计的优惠车票。

成为单身母亲之后

确实是这样。次男上私立高中，没有去修学旅行也没有去滑雪旅行。慢慢积攒这样一笔钱都不容易，一下子拿出高达20万日元的旅行费是绝无可能的。

怎样做才能不陷入贫困？

这个国家的单身母亲，怎么做才能过上理所当然的生活呢？理所当然的生活指的是通过工作可以养活孩子的生活。

神原深思了一会儿，说道："在日本，离婚之后成为单身母亲的女性，有没有不陷入贫困的办法，我一直在思考这个问题。比如说提高收入，但大家都在非常努力地工作。超过80%单身母亲都在工作，工作率高居世界第一。然而，贫困率却最高。其中还有做两份工作的人。按照现在的工资体系，就算增加工作时间，也已经到达极限了。

"不管是否结婚、生育，一直作为正式员工工作的女性离婚之后不会陷入贫困，总归还可以应对。除此之外，带着孩子回老家，或者具有某种特殊的技术和能力，依靠这些技能工作的女性不会陷入贫困。但这样的女性只是凤毛麟角。

"我听说现在保育士逐渐兼职化，地方孩子数量少，对保育士的需求没有那么高，就算有保育士的资格证书，优势也未必那么大。"

确实，能让单身母亲避免陷入贫困的职业，我只能想到公务员和护士这两样。

至于实际的劳动现场，国家了解多少具体情况，神原持怀疑态度。

"我问过很多人之后发现，日本的法定节假日增加了，比如说山之日、海之日等。到了节假日，保育园和学校都放假。这样一来，单身母亲就不能把在保育园或者小学低年级上学的孩子留在家，自己出去工作。大家都觉得黄金周就要出去旅行，然而对于单身母亲来说，这意味着不能工作，收入减少。

"我认为制定单亲政策的官僚、行政负责人，根本不了解情况的严峻程度，他们的想法仅仅停留在'休假增加了，大家都会高兴吧'的肤浅层面，觉得每个家庭都能去玩，都能去旅行。

"过年那段时间正是服务业的最旺季，如果没有人照顾孩子，那就不得不请假。正式雇用员工有带薪休假，非正式雇用员工一休假，工资立马减少。我认为官僚们没看到这样的现实。"

只能叹息。为了不再叹息，我继续问神原："你认为怎样做才能提高单亲家庭的收入？"

答案很清晰。

"还是要上调最低工资。不改变现有工作方式的前提下提高工资，唯一的途径就是上调最低工资。日本必须成为非正式员工也能生活的国家。

"国家虽说给安排工作，给予就业支援，帮助劳动者从事更高工资的劳动，但可以说一点作用都没有。为了培养护士和保育士，国家提供'高等职业训练促进补助金'。如果考上了培养专业技能的专科学校，就学期间，国家每个

成为单身母亲之后

月给予 10 万日元的生活费。但首先,考上这样的专科学校就比较困难。申请者必须是高中毕业,考试的难度也比较高。即便考试合格了,也必须支付每年将近 100 万日元的学费,没有一定的储蓄是不行的。学费也许可以借钱,问题是生活费。国家每月发放 10 万日元,怎么够和孩子一起生活呢?10 万日元,交完房租就不剩什么了。

"成为护士的话,预计每年大概有 400 万日元的收入。护士大部分是正式雇用,全国不管哪里人手都不够,不管生活在哪里都可以找到工作。但前提是能够在看护学校坚持 3 年……"

建立抚养费追索制度

另外一个重要的点是离婚后孩子父亲支付抚养费的问题。现在,拿到抚养费的单身母亲只占全体的 20%。我也不例外。

"您怎样看待抚养费问题?次男 20 岁的时候,我向前夫追讨总金额 340 万日元的抚养费。意料之中,他没有支付,而且对这个问题置之不理。"

神原指出抚养费的重要性。

"为了提高收入,另一项比较方便实行的措施就是确保抚养费被支付。每月能拿到抚养费的人,日本的比例是 24%(《平成二十八年[①]度全国单亲家庭等调查》,厚生劳动

---

[①] 即 2016 年。

省)。在发达国家中,这个比例非常低,令人蒙羞。

"韩国在2015年建立了抚养费履行管理院,制定了追索抚养费以及应付款者无法支付时国家代付的制度。虽说从制定新政策到现在仅有5年,起到的作用有限,但是建立这个制度本身就是走在日本前面的证明。日本最近也终于有所动作,法务省开始召开消除不支付抚养费行为的讨论会议……

"如果一个孩子能拿到3万日元或者两个孩子能拿到5万日元抚养费的话,一年有大约60万日元,就能越过贫困线了。母子家庭就业收入的中位数是169万日元,加上60万日元,刚好超过两人家庭的贫困基准224万日元。所以,抚养费起到的作用很大。

"而且,对于孩子来说,抚养费是父亲离婚之后关心自己的证明。虽说父母分开了,对于孩子来说,父亲还是父亲,没有改变。四个人的家庭只靠一个人的收入来养育孩子,是不可能的。"

韩国已经建立了国家代付抚养费制度,那日本呢?只能说日本是个很落后的国家。

## 儿童抚养补贴制度持续"改恶"

"被视为生命线的儿童抚养补贴,比起我当时领取的时候,现在发放条件更加严苛了。"

我提出这个话题,是因为无法不想到国家对儿童抚养补贴制度的持续"改恶"。

神原点点头。

"儿童抚养补贴全额发放的所得制限额从 2018 年开始变为年收入 160 万日元。我认为应该提高所得制限额。2002 年是年收入 204 万日元,至少要回到这个时候的水平。"

所得制限额竟然从 2002 年的 200 多万日元变成了 160 万日元!这个国家真是惨无人道!

"2002 年 11 月,《儿童福祉法》和《母子及寡妇福祉法》'改恶',儿童抚养补贴所得制限额从 200 万日元下调到 130 万日元。这样的事情是绝不被允许的。这制度'改恶',将抚养费也算进了收入中。年收入如果超过 130 万日元的所得制限额,发放额便随着收入的增加而减少。国家采用的是累进制计算法。因为制度'改恶',母子家庭的平均年收入从 1997 年的 229 万日元大幅下降到 2002 年的 212 万日元。

"单身母亲们非常努力地工作提高收入,收入增加却导致儿童抚养补贴和儿童补贴减少,这种累进制计算法太残酷了。虽说所得制限额的上限稍微调高了一些,只有一个孩子的话,能够领取补贴的最高年收入是 365 万日元,但是对低收入家庭而言,能够领取的儿童抚养补贴金额越发少了。"

在单亲家庭贫困率高居世界第一的国家,为什么如此残酷的事情会进入制度之中呢?

离婚是一种任性

"关于单亲政策,国家的预算额是一定的,就算单亲家庭的数量增多,也只能用既定的预算额安排。现在离婚率增加单身父母增多,但是预算还是那么多,不得不在上一年的预算范围内调配。

"截至 2004 年,单亲家庭的数量逐年上升,为了和去年保持同样的预算,下调所得制限额,这就是国家的逻辑。下调到 160 万日元,就不会超过预算。所以,制度改革不是站在当事人的立场,只是为了让账目对得上而已。

"国家的单亲家庭支援思路并不是单身父母努力工作养育孩子,所以国家要全力支持他们。国家要的是单身父母不依靠福祉而靠自己工作,用那份收入自力更生、养育孩子。这被称为'自立',或者不如说是'自助'。国家认为依靠福祉会让人变得懒惰,形成依赖。"

放眼全世界,日本的单身母亲工作最努力,贫困率却高居第一。国家不解决根本问题,一味地鼓吹"去工作!去自立!"。

"这个国家的福祉并不是为了让每个人幸福,而是'给予恩惠'。它毫不尊重个人隐私,比如生活保护制度中,为了寻找能照顾申请者的人,对其亲属进行扶养照会,真可谓不达目的不罢休。

"对于提高儿童抚养补贴,国家会说:'在说什么任性自私的话!'制定国家政策,运行国家政治的人所持有的就是这样的意识。

"离婚是你自己任性的选择吧。你是在知道离婚会面临什么后果的前提下才离婚的吧。是你自己说带走孩子的吧。自己任性离的婚,为什么国家要帮助你?——令人沮丧的是，这就是国家的真实想法。

"不仅是政府，日本国民当中也有同样的想法。'单亲是多么奢侈的词汇！''真是任性自私！'诸如此类的看法在社会中根深蒂固，就算单亲家庭的政策不完善，大多数人也对此事不关己，高高挂起。"

## 这个国家的"儿童观"

我非常认同儿童是国家之宝。完善单亲育儿制度不是国家的责任吗？于是，我问神原："国家是如何看待儿童的？"

面对唐突的问题，神原欣然接受，答道：

"关于儿童，1990年代之后，国家经常提到'家庭教育'。言下之意就是给孩子花钱是父母的责任。在日本，孩子变成了父母的所有物。

"国家如何看待儿童这个提问，暴露了日本完全没有严格实施《儿童权利公约》的问题。比如说，公约第12条规定儿童有发表自己意见的权利，但被学校忽视。整个社会也没有形成好好倾听儿童意见的体系。

"异常的校规也是如此。学校并不是按照儿童的意愿培养他们，让儿童能快乐成长，而是为了方便学校和老师管理，制定了很多校规来束缚儿童。

"即使是在厚生劳动省，单亲家庭政策中面向儿童的政策都是些什么呢？当然，有优先进入保育园、借贷奖学金等政策，但是完全没有保障儿童学力或者升学的相关政策。"

确实是这样。实际情况是，就算家长想把孩子送入大学，也不得不面临孩子高中毕业时，包括儿童抚养补贴在内的全部福祉被停止的状况。

"所以，在单亲家庭中养育的孩子大学升学率非常低。虽说自 2020 年起开始实行高等教育免费制度，但具体数字仍未公开。就算只是一点点，也希望能提高贫困家庭的大学升学率啊。

"考进大学之后能领取奖学金，但是如何提高学习能力、考进自己理想中的大学也是一个问题。

"而且，就算上了大学，最开始的学费是 55 万日元，贫困家庭能出得起这笔学费吗？私立大学的话学费一年 100 万日元左右。孩子们借贷奖学金交上学费，大学毕业后，就要身背 400 万到 500 万日元的借款进入社会。"

只是因为在单亲家庭环境中长大，孩子们就要背上还款 20 年的贷款，这也太荒谬了吧。

## 结束育儿后，单身母亲的未来

母亲也被迫过上还教育贷款的生活。

"结束育儿后，等待母亲的是一个怎样的未来呢？经济方面无法依靠孩子的支援。不仅是经济方面，精神方面也很糟糕。"

神原开始说话，她的表情说明这些母亲没有光明的未来。

"最小的孩子满 18 岁之后，他们就不再是单身父母。

从这个时刻开始，所有的支援政策全部停止。育儿结束后，能度过安然自得的晚年生活？没有这回事。大部分人才四五十岁，之后的人生还长。

"从事正式工作的人只是一小部分，从事兼职工作的人恐怕要一直过着紧巴巴的生活。就算从65岁开始领取国民年金，满额不过6.5万日元。能拿到满额的人只是一部分，况且拿到满额也不够生活，只能一直工作。说是让孩子来养，但他们还背负着奖学金贷款，很难。除非孩子有出息又有余钱，否则是不可能靠孩子的。

"大家过了70岁仍在工作。到了70岁，能够从事的工种有限，高龄男性和女性只能做清扫一类的工作。"

前面提到，如果是丧偶，又是完全不同的情况。

"同样是单身母亲，丧偶的话，若丈夫是白领，政府会向遗孀发放遗属年金。每个月有十几万的遗属年金，自己再做一份兼职工作，生活就没有问题。此外，大多数人住在自己的房子里，没有房租负担。而且遗属年金是在领取人去世之前都会发放的。丧偶和离婚，完全不同。还有一点，遗属年金不是课税对象，不交税。

"像日本这样离婚、丧偶、未婚在很多方面待遇不同的国家是闻所未闻的。晚年有没有遗属年金，差别很大。"

统计数据表明，今后离婚的高龄女性会越来越多。高龄女性的贫困问题会不会越来越突出呢？

"10年前，离婚女性已经占了多数。单身母亲中，如今70岁左右的离婚女性占比增多，接近贫困的人应该不少。将近一半的高龄独居女性处于贫困状态。

"不仅是单身母亲,对于未婚单身女性,国家也没有任何支援。即便这样,终生未婚率还是增加了。疫情让人们看到单身父母、单身人士等生活不稳定的人最先受到冲击。

"政府多次给低收入家庭的儿童每人发放 5 万日元,却只给单身人士发放了一次定额补助金,其他什么都没有。政府只是催促他们'去找工作,去工作!'。"

疫情让我们看到不管遭遇怎样的困难,这个国家都在强调"自助"。我们平时感受到的困难,跟日本福祉政策的根基息息相关。我再次感到,不强调"自助",而是走"共助"的道路才能让这个社会中生活的人们度过丰富的人生。

但是,别说单身父母了,这个国家连 LGBTQ 群体都不承认,在排除多样性的政权之下,不可能转向"共助"之路。

只是有一点,神原可以肯定:

"你的苦难,不是你造成的,而是国家造成的。你一点错都没有。所以,挺起你的胸膛去努力生活吧!"

# 第四章

## 世界如何看待单身母亲?
## ——以法国和韩国为例

接下来，让我们将视点转向世界。本章将以法国和韩国为例，通过和研究者对话的形式，探讨支援的具体内容和国家的思考方式。

**法国**

法国于2013年成立了同性婚姻法，是一个承认多样家庭、多样化生活方式的国家。作为少子化政策的优等生，对于单亲家庭，法国实行了哪些支援政策呢？

我采访了著有《日本、韩国、法国单亲家庭不稳定因素的风险和幸福》（学文社，2013年）一书的冈山县立大学教授、社会学者近藤理惠女士。

我在阅读上述著作的《法国对于单亲家庭的支援》一章时感到惊讶的是，法国没有专门针对单亲家庭的法律，而是被囊括在社会福祉相关的法律之中。也就是说，单亲家庭没有被特殊对待，是吗？

"法国单亲家庭的数量远高于日本，并不会因为是单亲家庭而受到歧视。再比如同性夫妇也很多，关于他们孩子的书在书店里非常自然地摆放着。这意味着在法国，多样化家庭是一件很正常的事。

"日本的话，不仅歧视单身父母，也强烈歧视同性夫妇。他们的孩子也有可能被歧视。法国不是这样，单身父母也没有被区别对待。"

这和日本是完全相反的社会。本来家庭的形式就应该是多样化的，但在日本，如果脱离了所谓的"标准家庭"，大家就会心照不宣地疑惑"发生了什么事情"，将其区别对待。

近藤继续说："在法国，针对儿童和家庭的支援制度非常完善。所以，单亲家庭以外的其他家庭也不会因为育儿感到不安。教育费是免费的，从幼儿园到大学都免费。"

育儿时不会感到不安……这种理所当然的事在日本竟是天方夜谭，真是可悲。

那就来看下法国的支援制度"完善"在哪些方面吧。

在法国，支援家庭和儿童的机构是"家庭补贴金库"。支援包括经济支援和社会福祉。近藤告诉我，法国家庭支援的特征有两点，第一点是给予儿童经济补助，这在整个欧洲都很充实；第二点是普通阶层的福祉和贫困阶层的福祉平衡得很好。

关于教育费，从幼儿园开始到大学学费基本免费，对于有儿童的低收入家庭，政府也会针对其学习发放补助金。其他还有医疗费补助，普通住宅补贴，怀孕期间或者孩子生病期间提供家庭帮助服务等支援，正如刚才提到，这些志愿制度不是对单亲家庭的特殊待遇。一般的育儿家庭也能享受同样的支援，无怪乎在育儿时不会感到不安。

## "社会的儿童"的观念

为什么法国在育儿方面给予如此丰厚的支援呢？法国把儿童当作什么呢？

近藤回答得十分明快。

"法国将儿童看作'社会的儿童'，这一点和日本有根本性的不同。日本民主党执政时提出过'举全社会之力支援儿童'的口号，但法国则将把儿童当作'社会的儿童'这一哲学观念贯彻到底。所以，给予儿童经济支援是再自然不过的事情了。

"日本普遍认为儿童是'家庭的儿童'，加上对儿童的支援不充分，大家为了养育自己的孩子竭尽全力，没有余力支援别人家的孩子。"

为什么日本没能形成"社会的儿童"这一观念呢？我记得上学的时候学校称"儿童是社会的宝藏"。不管出身如何，家庭环境如何，儿童不应该是被全社会精心培育吗？不知道从什么时候开始，日本的儿童之间出现"差距"，也没有人去填补这样的鸿沟。这就是日本的现状。

近藤继续说："全国家庭补贴金库和各省家庭补贴金库能决定很多事情，对移民和外国人也给予补贴。

"瑞典和法国被认为是儿童制度相对完善的国家。法国有补贴这一形式的经济支援，瑞典的福祉服务很完善。和日本相比较，不管是瑞典还是法国，服务和补贴都极为完善。"

我越来越深切地觉得日本是不为儿童花钱的国家。

"确实是这样。日本的家庭关系社会支出在 OECD 加盟国中非常低，一直饱受专家的诟病。在少子化的趋势下，3 岁以上的幼儿教育终于免费了，但是对幼儿教育加大投入是世界趋势，日本只是随波逐流而已。"

女性社会地位高

法国如何看待女性呢？日本仍然将女性看作是比男性劣等的"第二性"。

"第二次世界大战之后，几乎每个国家的男性都大量死亡，导致劳动力不足。在此背景下，法国积极推行使用女性劳动力的政策，女性劳动力率升高。再加上受 20 世纪 60 年代中后期到 70 年代初期女性解放运动的影响，女性劳动力率占比相当高。

"法国女性的社会地位不知比日本高出多少。不管在劳动市场还是政治层面，日本都不能与之相比。比如说，近年法国女性在企业高管中的占比约为 40%，而日本只有几个百分点。即便这样，法国社会还一直进行着女性比男性更受歧视、男女之间有性别差距的讨论。"

女性的地位是否会对单亲家庭产生影响呢？

"日本的单亲家庭贫困问题相较其他国家更为突出。当然，法国的单身父母不工作的话也贫穷，但是有工作的单身父母相对来说不会贫穷。这跟日本比较起来也是天壤之别。特别是在日本，大多数单身女性从事的是非正式工作。"

法国的单身女性是正式雇用吗？

"当然非正式雇用的人也有，但工资不像日本这么低。在法国，不工作的单身父母的贫困率超过40%，工作的单身父母则不会贫困。

"我在德国听过这样的话，经营者'希望雇用单身母亲为正式员工'。并非因为她们是单身母亲所以给予支持，而是希望她们作为劳动者和别人一样工作。在日本的劳动市场，单身母亲和女性的地位都太过低下。

"总之，日本的单身母亲如此贫困是最重要的问题。扩充儿童抚养补贴以及其他补贴等经济支援也很重要。再者，就是抚养费的问题了。"

抚养费代付制度的重要性

近藤女士提出了抚养费问题。日本领取抚养费的比例大约为20%，法国有多少呢？

"刚才我提到法国没有专门针对单身父母的法律，但有例外，那就是针对单身父母的抚养费收取支援制度和抚养费无法收取时的家庭扶养补贴制度。

"法国实行法庭离婚制度[①]，离婚时由法院判决抚养费的金额。对于没有收到抚养费既定金额的单身父母，家庭补贴金库暂时支付家庭扶养补贴，之后，向应该支付抚养

---

① 在法国办理离婚手续，申请人需要向地方法院提出申请。

成为单身母亲之后　133

费的父母收取抚养费。这就是抚养费代付制度。收取不成的话，支付补贴。收取成功但金额不足的话，支付补贴补足差额。"

别说单身父母没有收到抚养费的话，国家会向其支付这笔抚养费，单单强制有支付义务的离婚父母履行责任这一点就足以让我吃惊。收取不成的话，用补贴代付，至少日本没有考虑过这件事。

在日本抚养费金额一般由当事人决定，对方不支付抚养费的话，单身父母只能就支付事宜进行交涉。面对因各种各样的事情而离婚的对象，接触本身就伴随着强烈的痛苦。本书出现的单身母亲们，除了配送司机森田女士以外，要求对方支付抚养费也无济于事，甚至有一位母亲因为抚养费减额进行了数次调停，受到伤害。

在法国，这种没有道理且伴随痛苦的体验完全由国家代行。而且有代付制度，如果收取抚养费不成，国家就支付补贴。

法国的体系令人感到惊讶，这是从什么时候开始的制度呢？

"以单身父母为制度适用对象是从1980年代开始的。最早是从给孤儿补贴开始的，对单身母亲进行采访调查后发现，她们从贫困男性手里拿不到抚养费，补贴能起到很大的作用。

"美国和英国也有抚养费收取制度，但是没有补贴。就算有收取制度，拿不到抚养费也就没有后续了，所以有补贴就变得至关重要。

"我听说日本兵库县明石市开始实行代付制度，这是一个例外。日本国家层面目前还没有行政机关建立抚养费收取体系或在无法收取抚养费时发放补贴的制度。虽说最近调整了抚养费的计算标准，但是抚养费的基准过低，这一点抚养费对于生活来说是杯水车薪。"

后面将会涉及韩国于 2015 年建立的抚养费代付制度。也就是说，在单身父母政策方面，日本是一个不如韩国的福祉贫弱国。

## 福祉不存在"自立"

2002 年，《母子及寡妇福祉法》修正期间，建立了把抚养费认定为收入的残酷结构，为了拿到儿童抚养补贴，连微乎其微的抚养费都必须向自治体报告。这样一来，单身父母如果领取抚养费，政府发放的儿童抚养补贴金额很有可能减少。制度"改恶"断然进行，美其名曰"从福祉到就业"。关于这件事，您是如何看待的呢？

"2002 年的改革效仿了美国的福祉政策：不是给钱，而是使其去工作的制度。给予有孩家庭 5 年生活保护（公共扶助）之后，不再提供生活保护——这是一项在克林顿政权时期得到强化的严苛的制度。在美国，这项政策本来是针对生活保护的，日本却将其用于儿童抚养补贴制度。

"在此之前，1990 年代末开始，日本借福祉基础结构改革之名，大力提倡'自立'。高龄者的自立、女性的自立……全部鼓吹自立，'让我们帮助尚未自立的人实现自立吧'。"

确实,"自立"这个词被当作福祉的最终目标。"自立"的言外之意是"不要依靠国家,不要让国家出钱"。自立是如此美好的概念吗?

近藤摇摇头。

"在法国很少听到'自立'这个词。经常听到的说法是这个人使用各种各样服务的权利受到了限制,如何才能够使用服务。'使用福祉'这个词倒是经常听到。

"刚才我提到'社会的儿童',这个哲学观念非常重要。法国大革命以后,构成福祉领域的基础是'连接'的思想。"

福祉的基础概念是"连接",让人不禁想要拍手称颂。连接,就是共生的意思。所以让每个人都能享受到服务,就是法国的福祉。

而日本的福祉政策却形同虚设,例如在2002年的改革中建立的几项就业支援制度,只是在装模作样。虽说建立了制度,但只适用于一部分人。

近藤也批评了这件事。

"国家可能考虑到被支援者如果摆脱非正式雇用,就能赚到更多的钱,但是给接受职业训练的人提供的补助太少,被支援者不可能为了接受训练而中断现有的工作。比起接受职业训练,从事专业性高的工作才是解决贫困的最佳办法。为此,政府必须给予足够的补助,让被支援者能在接受训练的同时维持生计。"

如前所述,为了成为护士而上看护学校的话,每个月有10万日元的补助金。但是,和孩子一起生活,10万日元怎么够用呢?

教育免费

教育免费能起到很大作用。在日本，义务教育阶段结束之后，教育费的负担不小。如果教育免费，日本单身母亲的生活会变得非常稳定。近藤也是同样的看法。

"我认为要想切断贫困的再生产与贫困的传递，只能依靠教育。因此，尽管生活费也是必要的，但是能够免除直到大学的教育费尤为重要。而且在法国，除去一部分精英学校，基本上想去自己心仪的大学是没什么困难的，不存在日本这样激烈的考试竞争。

"我认识一位领取生活保护的法国女性，她很平常地说：'我的孩子将来想成为律师，我会让他走这条路。'即便是生活保护领取者也理所当然地对孩子的未来充满希望。法国的生活保护也比日本更容易领取，更方便使用。

"不仅单身母亲，法国育儿家庭的女性也都对我说：'养孩子很辛苦吗？'真是羡慕。法国养育三个孩子的人很多，从中也反映出法国给社会提供了一个育儿友好的环境。

"日本的幼儿教育免费了，但必须建立一个谁都能上到大学的制度。"

本书多次提到，在日本，孩子高中毕业之后儿童抚养补贴终止发放，单亲家庭的福祉一概停止。其他国家如何呢？

"不仅是法国，基本上所有欧洲国家发放补贴的时间都比较长。法国截止到 20 岁。德国的话，对接受高等教育或职业训练的人,补贴延续到其25岁。我认为,在日本,不管是什么环境出身的孩子都能安心上到大学是最重要的。"

如果像德国那样补贴延续到大学毕业的话,很多孩子就不会放弃上大学的梦想了吧。

提供享受自己人生的支援

在法国除了补助,还为单身母亲本人提供社会福祉支援,这是与日本最大的不同。

"在法国让我感受最强烈的是,社会工作者在做支援工作的时候,会非常热心地尝试帮助单身母亲过上快乐而充满希望的生活。

"就业支援和经济补助自不必说,社工还会教十几岁的年轻单身母亲育儿的方法,教她们如何享受自己的时间,比如去美容院理发,告诉她们闲暇时光的重要性。

"大家都说法国是个悠闲的国家,我确实感到法国是一个非常珍视闲暇时间的国家。法国人会休长假,不管是经济上不宽裕的人还是单身父母,都可以在附近的乡下度过长假,大家对此习以为常。"

对于日本的单身母亲来说,暑假带孩子去两天一夜的旅行都比较困难。

"我目前正在调查,包括单亲家庭儿童在内的贫困阶层儿童有多少'闲暇活动',按照文科省通俗易懂的话来讲,就是'体验活动'。我发现单亲家庭的女性和孩子缺乏体验活动。体验各种各样的事情,享受闲暇时光是很重要的事情,但是他们因为生活精疲力尽,没有余力去参加这些活动。

"根据《全国学力、学习状况调查》的追加调查《保护者调查》,青山学院大学耳塚宽明教授对其分析的结果显示,将家庭收入和父母学历较低阶层中每天学习3个小时的小学生与家庭收入和父母学历较高阶层中完全不学习的小学生进行比较,结果是完全不学习的学生国语学习成绩更好。阶层高的孩子哪怕不趴在桌子上学习,家长也会让其体验各种各样的活动。用社会学者皮埃尔·布迪厄的话来讲,就是体验'文化资本'。文化资本在不知不觉间积累,结果阶层高的孩子成绩更好。所以,经济支援很重要,提供能够带来丰富体验的机会也很重要。"

大家回想一下本书前面出场的那名从事性工作的单身母亲。她在放长假的时候,会让孩子参加各种各样的项目。后来孩子考上了非常难考的私立高中。

"所以,我认为在考虑对单亲家庭孩子进行支援的时候,提高经济资本和文化资本都很重要。提高文化资本意味着提高学历,丰富日常活动,让生活更多姿多彩。另外一个重要的点是'社会关系资本',也就是人际关系。有必要认真考虑需要怎么做才能提高这些资本。

"法国有'教育工作者'国家资格证书,这些教育工作者起到的作用很大:对正在经历社会、文化、个人困难的孩子以及包括年轻人、高龄者在内的大人进行教育,帮助他们在社会上更好地生存下去。我在法国儿童福祉机构(相当于儿童咨询处)和非婚母子机构里,遇到了很多专家,他们都对实现更好生活的支援工作及其实践方法抱有热情，并且积极行动。"

建立社会关系资本意味着让孩子们结识除父母、老师以外的值得信赖的人。法国有没有将以上三个资本普及给孩子们呢？

"有。比起日本好多了。我之前在日本对单亲家庭儿童进行教育支援或者组织体验活动的时候，发现疫情导致吃不上饭的儿童增多，这个时候支援内容会更加倒退，这让我意识到作为经济资本支援的一种，食物支援是非常重要的。

"欧美各国的食物支援发展很完善。2016年，法国制定了杜绝食物浪费的相关法律，大企业和食品店必须将剩余的食品捐给慈善机构。食物支援不能止步于靠附近的人带来食物的程度，应该和企业协力完成。而且，还不能仅仅将食物拿给需要的人就完事，要对包括单亲家庭儿童在内的贫困阶层儿童进行营养教育。那个地方不仅是给予食物的地方，也是人和人建立连接、增加社会关系资本的地方。"

现在，应当为包括单亲家庭儿童在内的所有儿童建立除家庭和教室以外的场所，这是一个迫切的需求。请回想一下次男网络成瘾后那位单身母亲的呐喊："最大的问题是，（育儿）人手不够。"

面向父母的社会工作

您刚才提到法国给予父母很多社会援助，我认为这一点非常重要。

"法国有很多咨询机构。例如儿童福祉机构，相当于日本的儿童咨询处。各地的家庭补贴金库不仅发放补贴，单身父母还可以接受社工的支援。此外，各地有很多母子保护机构——在保健领域给予母子支援的地方，该机构主要访问年幼儿童家庭，对包括风险家庭在内的儿童和家庭给予关照。这三个机构，发挥了很大的作用。

"日本虽说有计划将儿童福祉司的人数增加到约5260人，但关照孩子和家庭的社工数量太少。原因很多，其中之一是日本的文化认为孩子的问题应该由家庭来解决，因而社会工作体系还不完善。日本的离婚母亲过度担心孩子的情况很普遍，但是为了渡过难关，社会工作十分重要。"

行政机关内担任母子及父子自立支援员的是普通职员，不是拥有"社会福祉士"或"精神保健福祉士"等国家资格的社工，不具备专业知识和相关经验。生活保护的个案工作者和儿童咨询处的儿童福祉司也是一样的。所以在重要的场合，日本不能很好地进行社会工作。不如说，"面向单身父母的社会工作"这种概念本身就不存在。

在法国，社会工作者是怎样和单身母亲接触的呢？

"刚才我提到享受自己的人生这个话题。如果只是为了孩子而活，那么不享受自己的人生也无所谓了。法国不是这样。当事人在团体工作中花费时间分享彼此的经历，互相确认快乐生活的重要性，社会工作者和教育工作者也参与其中，传递享受人生的观念。我认为，如果没有这样的专业人士，团队工作也很难进行。所以说，法国对于单身父母的支援不仅仅是就业支援。"

太令人羡慕了！"为了享受人生的支援"，在日本听说过这个词吗？即便是民间的 NPO[①]，又有几个能提出这样的观念呢？但这才是单身母亲极度渴望的东西。

单身母亲因离婚而受伤、痛苦，然而日本的制度对此却全然不顾，一味迫使她们去工作。

"日本的自治体虽说配备了母子及父子自立支援员，但其中70％属于外聘人员，他们也无须持有社会福祉相关的资格证书，我认为他们不可能提供像法国那样的支援。我突然想到，这些支援还应当包括女性主义的理念，也许能帮助单身母亲坚强地活下去，让她们能够按照自己的方式坚强地活下去——不仅仅是依靠男性，而是靠自身的力量生活下去。

"最重要的是提供更加丰富的支援，让单身母亲能够和孩子安心地生活，心灵上有余裕，这样离婚后的不安也许会随之消散。"

我认为近藤女士说得很对。一想到和孩子两个人生活也能如此快乐，作为母亲就能够更加昂首挺胸地活下去。

"即便是单身父母，如果能过上经济相对富裕的生活，孩子也能轻松地读到大学，那情况就大不相同了。这可能就是法国式的单亲家庭生活。不必是悲壮的，人生是为了快乐。"

人生是为了快乐——这在我的人生字典里从没有出现过。被迫工作、被迫自立，才是我作为单身母亲的人生。虽然我为孩子们的成长感到开心，微笑着活了下去……

我还有一个问题要问近藤女士。这个问题包含在本书

---

[①] Non-profit organization，非营利性组织。

的书名之中，也就是关于成为单身母亲"之后"。

在法国，育儿结束后的单身母亲、单身女性的未来或者老年是怎样的呢？

"在法国，基本上大家都经济独立，生活没有问题，大多能过上无忧的日子。跟日本相比，男女工资差距不大，就算年龄增长，生存下去不成问题。"

这对法国人来说是很自然的生活，在日本却可望而不可即。

"我认为日本应该首先尽量缩小男女之间的工资差距，建立优待女性的劳动市场体系。这不仅是贫困问题，也是社会地位问题。"

在法国，育儿结束之后，单身母亲也可以穿衣打扮，享受休假，度过丰富多彩的生活。

## 韩国

大部分日本人就算不讨厌韩国，也总觉得韩国和日本相似。

但这不过是日本人的一厢情愿罢了，接下来我要阐明这一点。

至少在单亲政策方面，韩国可比日本先进多了，和很多日韩研究者共同研究相关政策的社会学家神原文子十分笃定地说。神原作为韩国单亲政策研究领域的领航者，会在本文中多次出现。

据神原说，韩国单亲政策一开始的模板是日本。那么，韩国和日本是在什么地方分道扬镳了呢？户籍——神原首先指出的是这一点。

"2007年，韩国颁布了《家庭关系登记法》，废除了户籍制度，以一人一个户口簿代替了以户主为中心的户口簿。在此之前，考虑到性别平等和儿童福祉优先的原则，也废除了户主制。

"虽说日本《民法》废除了家制度[①]，但是保留了户籍制度，'氏'仍然存在，也就是说妻子仍要冠夫姓。所以，我认为不废除户籍制度，就无法实现真正意义上的男女平等。

"和日本同属于东亚文化圈的国家或地区，无论是中国、中国台湾，还是朝鲜，夫妻别姓都是再正常不过的事。但是，日本政治家到现在还在叫嚣夫妻别姓会影响家庭关系。这种说法有什么根据？如果有的话请拿出来让大家看看。"

我以前完全不知道韩国早就废除了户籍制度，还以为儒家思想根深蒂固的韩国仍然被束缚在家长制的牢笼之中。

在日本，呼吁废除户籍制度的声量太小，倒是强化父权制的趋势愈加明显。就像神原指出的那样，不认可夫妻别姓制度、固守传统的政治家何其之多！2021年6月，日本最高法院做出了"不承认夫妻别姓的民法规定符合宪法"的裁定，真是倒行逆施，日本之耻啊。

为什么现在的日本和韩国如此不同呢？

---

[①] 1898年明治《民法》规定一个家庭由一家之主及其家人组成，一家之主有供养家庭的义务，其他家庭成员服从一家之主的命令和监督。日本于1948年废除了家制度。

"这是因为韩国从社会包容多样化家庭这一点出发，diversity，也就是说重视多样性，不断地修正家庭政策。而日本则朝着反方向逆行。"神原轻易地说出"逆行"这个词，想把"多样化家庭"当做日本家庭政策的根基，但只要政权不改变，这个愿景就不可能实现吧。

单亲家庭日

"比如说自2018年起，韩国就开始庆祝'单亲家庭日'。在这一天，韩国的单身父母会聚集在各个地方举行各种庆祝活动。

"虽说韩国的制度并不是都能顺利进行，但是像'单亲家庭日'这样的以及其他的支援活动给当事人带来了希望，让他们真切地感受到了很多人的支持，还有和同伴之间的连结。这样温暖而且给人带来希望的支援活动是韩国单亲支援政策的组成部分。"

这不正是日本最欠缺的地方吗？在日本，单身父母辛苦工作收入增加了，但儿童抚养补贴的金额却随之减少，哪里能看到希望呢？

"而且，在韩国，还举行以理解单身父母为主题的演讲活动，被称为'理解教育'。单身父母在讲座中亲口表达'虽然单亲家庭充满了各种各样的困难，但是我们做出了这样或那样的努力，请大家支持我们'的诉求，从而让社会更深入地理解单亲家庭的现状。"

不得不说，这一切都和日本形成鲜明对比。韩国竟然有《单亲家庭支援法》(2008年施行)。更令人惊讶的是这个条文的内容。它明确规定支援法以"帮助单亲家庭创建健康而富有文化的生活、维护单亲家庭生活的安定以及增进单亲家庭的福利"为宗旨,并且号召所有国民助力这一目标的实现。和依旧歧视单身母亲的日本相比,韩国多么民主,多么文明!

"日本和韩国的单亲支援政策有两点不同:第一,日本的单亲家庭支援政策被放置在儿童福祉制度的总体框架之下,而韩国的单亲家庭支援政策则属于家庭多样化政策的范畴;第二,日本根据丧偶、离婚、未婚等成为单身父母的不同方式提供不同的经济支援,也就是说是以歧视为前提的支援政策,而韩国则以生活贫困度为衡量标准提供经济支援。"

就是这种"以歧视为前提的支援",在本书中随处可见。日本非要在制度中硬生生地把丧偶、离婚、未婚区别开来,为什么不能像韩国那样统一以贫困度为标准呢?那样不是更加方便而且公开透明吗?

让当事人一扫阴霾,充满希望的支援

神原语重心长地说:

"决定性的不同是,韩国赋权单亲家庭,致力消除歧视和偏见,日本完全没有这种想法。

"比如说,韩国重点补助贫困度高的地方。补助包括很多种类:儿童抚养费、学习用品费、生活补助金、高中生教育费等,还有儿童教育费。

"咨询支援服务也很完善，首尔市与专业的心理咨询室合作提供相应的服务，'单身父母协调专员'为单身父母提供生活各方面的咨询与信息服务。"

在第三章的采访中，神原提出"生活困难的单亲家庭儿童如何培养去理想大学的能力"的问题，如果日本像韩国那样给予儿童教育费补助的话，就能让孩子去上补习班。

"韩国是个对教育投入很多的国家。虽说考试竞争过于激烈是一个问题，但至少在这样的社会中，单亲家庭的孩子们如果在社会中处于不利地位，国家会花钱给予辅助。国家支付高中的全部学费，也会支援上补习班的费用。

"韩国包容多样性并重视赋能当事人，提供让他们变得有活力，充满希望地生活下去的支援政策，而日本没有。"

法国之后是韩国，支援能够让单身母亲一扫阴霾，充满希望地生存下去。和根据成为单身母亲的方式而改变支援政策的日本完全不同。

给予未婚母亲充实的支援

我听说韩国给予未婚先孕的女性充实的支援，日本则处于尚未着手的状态。

"是的。韩国称这些人为'未婚母亲'。对于'靠自己的力量保护自己和孩子，有勇气的未婚母亲或未婚父亲'，韩国很重视对他们早期的援助。

"韩国社会现在仍然对离婚或者未婚女性怀孕抱有偏见，如果没结婚的女儿怀孕了，会被父母赶出家门，视为家族的耻辱。而且,韩国对于堕胎的管制十分严格。

"于是,市民团体开始保护无家可归的孕妇。未婚生下的孩子中90%被海外收养。这被称为儿童买卖,在发达国家是不被允许的,韩国于2009年禁止海外收养。民间团体开始保护决心自己养育孩子的女性。国家也逐渐给予支持。

"现在,可以说韩国单身父母支援最核心的就是未婚母亲支援。全国各地成立了团体之家,保护未婚母亲直至其生产,生产后她们也可以在团体之家生活,直到能够自立。团体之家也重视未婚母亲接受教育的权利,支持其复学,进入高中学习。"

韩国在全国各地建立以未婚母亲为支援对象的团体之家,不仅是生产,未婚母亲在自立之前都可以和孩子一起在那里生活。单单是这就足以令人震惊,更别说保障未婚母亲接受教育的权利,日本完全没有考虑到这个层面。

弃婴保护舱没能从熊本向全国普及开来,我听说有女性拖着产后的身体从遥远的关东赶到熊本,只为了把婴儿送进弃婴保护舱。除此之外经常听说的,就是在公园厕所或自己家里生产,结果造成死胎或者婴儿死亡的悲剧。如果能像韩国那样在全国各地建设团体之家,需要支援的人自行调查后入住,就能减少很多悲剧的发生。未婚母亲生产之后,可以把孩子托付给别人做养子或者里子①,也可以

---

① 里子指被寄养在其他家庭,由这个家庭养到18岁的孩子。与养子不同的是,养子和养父母的家庭关系延续一生,里子和里父母的家庭关系维持到里子18岁成人之时。

自己养育。最重要的是有来自支援者的守护，当事人之间互相建立连接，她们不会在孤独中生产。

神原继续说：

"令人吃惊的是，韩国全国性组织团体中有专门支援未婚母亲的'未婚母亲家庭协会'。虽说成立之初遭遇过财政困难，但是现在换算成日元的话已经发展成几千万日元规模的事业了。为什么呢？因为该协会从三星、现代等大企业和基督教会那里得到了高额捐款。特别是2003年以后，捐赠文化在韩国流行开来。民间企业或个人为支援团体捐款，主要是为了抵税。

"捐款可以让这个企业的员工了解单身父母的现状，加深对他们的理解。为了得到全社会对单身父母和单亲家庭儿童的支持，市民的理解至关重要。当然，我认为这和韩国的超级少子化也有关系。"

## 抚养费问题

我惊讶于法国的抚养费代付及收取、无法收取时发放补贴的制度如此先进。那么，抚养费在韩国又是怎样的状况呢？

"韩国于2015年制定了'抚养费履行管理院'制度，开启抚养费强制执行以及抚养费代付制度。从抚养费相关的咨询、诉讼到抚养费支付的履行，给予一站式支援。虽说这一制度现在仍然处于认知度较低，没有取得较大成果的阶段，但是仅国家建立制度这一点就值得高度赞扬。日本才开始从国家层面探讨这些问题,在发达国家中最为落后。"

朴槿惠政权时期,韩国就已经实行由国家代付抚养费,对本人强制执行追索抚养费的制度。单看这一点,就知道日本有多落后。

日本的单身母亲贫困问题处于世界最糟糕水平,所以国家更应该立即出手。收效最快的政策不就是确保抚养费的支付吗?

以创业支援为支柱的就业支援

韩国的就业支援是如何进行的呢?

"韩国就业支援的特征是市民团体参与合作的创业支援,也就是说被支援者独立出来自己干。单身父母不管应聘什么工作,工资都很低,所以韩国所重视的支援方式是帮助他们活用自己的技能从商或是做生意,会给予他们彻底的援助。单身父母借贷独立资金,专家教给他们经营技巧,例如在哪个地方开什么店比较合适,专家会在3年间持续提供经营方面的建议。

"所以,韩国的单身父母独立创业的人很多,比如说开美容院或者韩国料理店。韩国外食产业兴盛,开便当店等从事饮食业的人居多。另外,大家考取美容师的资格证书,经营美容院的劲头也很足。创业之所以能够成功是因为能借到钱,还能好好研修商业技能,到能独当一面为止一直接受支援。至于借的钱用几年能还清,专家也会给出细致入微的建议。"

作为自由职业者,别提我有多羡慕了。我情不自禁地想,如果专家给我提供 3 年的建议,我应该能有更高的收入吧。

就我自身的经验而言,在日本的就业支援现场我一次也没听过"创业"这个词。是因为想法从根源上就不一样吗?日本和韩国的单亲支援政策是在什么地方开始走向不同的方向,在哪里发生逆转了呢?

"韩国在 1980 年代中期之前是军事政权,劳动者们普遍感到压抑,女性还受到父权制的双重压迫,更为痛苦。在民主化进程中因女性主义运动和劳动运动掌权的女性,现在成为单身母亲支援团体的领导者,负责社会活动,是社会的中坚力量。而且,她们不是单打独斗,建立了很稳定的横向连接。

"我们去韩国的时候,和单身母亲支援团体的领导者们见了面,她们并不认为自己的活动属于福祉的范畴,她们依据的是女性主义、女性的人权和劳动者的权利。她们不把单身母亲的问题放在福祉的结构之内,而从女性人权的角度去处理这些问题,目的是为了争取女性的权利。支援团队中有很多 25 岁以上不到 40 岁的年轻女性,我感受到了她们的激情。"

也就是说,靠自己争取的民主主义和被给予的民主主义不同。

"可以这么说。特别是现在的文在寅政权,关于单身父母政策,起用了常年研究单身父母的研究者,让其处于行政的核心地位。由真正的专家来领导，政策实行的速度很快。文在寅总统自身也参与过民主化运动，一直主张多样性和性别平等。

"韩国并不是由行政机构来直接制定单身父母支援政策，而是委托民间人士制定政策，这很好地促进了民间力量的发展，让民间行动更易于展开手脚。"

神原正在对首尔市和东京都的单亲家庭支援政策进行比较研究，她发现两国关于"自立"的看法不同。

"首尔市认为'自立'是赋能单身父母，让他们追求自己的权利。东京都没有明确的定义，据我推测他们认为单身父母去工作，不再需要福祉支援就是自立。"

日本的支援政策没有到达让单身母亲充满自豪、希望和活力地生存下去的层面。她们只是为了不被人戳脊梁骨，一味谋求"自助"。

我问了神原最后一个问题：育儿结束后，韩国的单身母亲有未来吗？

"没听说韩国有完善的年金制度，但是单身父母们努力创业，在某种程度上，如果创业走上正轨就可以过上不再贫困的生活。能工作的时候工作，努力存钱，安度晚年的人很多。

"而且，单身父母们会互相帮助，一起努力面对。现在是网络社会，点击一下就能联系上支援团体，当事人之间可以互相交流，不再感到孤独。可以说，在韩国，没有像日本那样陷入绝望的单身母亲。我认为她们有一个不错的未来。"

我的脑海里浮现出充满希望和活力,靠做买卖做生意好好赚钱,享受人生的育儿结束后的韩国单身母亲的形象。

日本的单身母亲结束育儿后,没有一天安宁日子。这其中的缘由可以从韩国的支援政策中明显地看出来。

## 采访　日本的单身母亲为什么会陷入穷忙状态?

畠山胜太（比较教育行政/国际教育开发部门）

日本的女性教育水平处于发达国家最末位

　　本书第四章介绍了法国和韩国的单身父母支援政策以及两个国家如何看待单身母亲，并和日本的现状进行了比较。

　　显而易见的是，法国和韩国的单身母亲可以活出自我，并且有能力将孩子抚养成人。

　　接下来，我想采访国际教育政策专业的畠山胜太来为本书提供国际化的视角。畠山先生在自己的推特上写了一篇名为《以通过公平、高效、共生的教育政策创造没有贫困、自由且和平的社会为目标》的文章。我向他询问了日本的单身母亲就业率世界第一，却陷入最贫困状态的原因以及解决办法等问题。

显著的日本儿童贫困率

　　畠山首先从儿童贫困的国际比较开始。

"进入正题之前,我想先从我的专业——国际教育发展开始,通过国际比较具体来看儿童贫困问题。因为儿童贫困的起因是监护人(单身母亲)的贫困。

"关于有孩家庭的贫困状况,我会通过比较 OECD 各国的数据来说明日本的状况。

"首先,根据《儿童相对贫困率》的数据显示,日本儿童中大约每 6 人就有 1 人(当时)生活在相对贫困状态的家庭中,贫困率在发达国家中非常高。

"接下来,让我们看看孩子们具体的生活场景。从《生活必需品缺少 2 个以上的儿童比例》可以看出,儿童在物质层面处于怎样贫瘠的状态。8 种必需品当中,室内用的玩具、做作业的安静场所、孩子的衣服这三项的拥有率排在后三分之一。从数据可以看出,日本处于平均水平以下。也就是说,难以维持家用的家庭中没有足够的支出让孩子们过上更好的生活,家庭的贫困关系到儿童自身的贫困状态。"

畠山继续说:

"据《拥有全部 7 种基础教育资源的儿童比例》显示,日本在 OECD 各国中处于最末位。"

7 种教育资源指的是什么?

"学习桌、集中精力学习的安静的环境、做作业的电脑、学习的软件、网络、字典和教科书。

"OECD 各国的平均值为 44.6%,日本只有 12.2%,处于最末位。虽说是发达国家,有多少儿童没有接受充足的教育投资一目了然。日本儿童的贫困状况非常严峻,这也将导致贫困传递到下一代。"

12.2％！这个数字太令人惊讶了，跟平均比较起来低得离谱。

日本儿童的现状令人担忧。我想起来以前采访课题集中学校①的学生们，他们只有手机和教科书。家里没有桌子，没有能集中学习的安静环境，连做家访的老师都不禁发出"这样的环境如何学习"的感叹。

日本的单身母亲陷入贫困的原因

像畠山指出的那样，儿童的贫困反映出父母的贫困。

如果不试图解决父母一代尤其是单身母亲的贫困，贫困就会传递到下一代。这样的图景已经出现。

"确实是这样。所以，必须要解决这个问题。现在回到你刚才的问题，为什么日本的单身母亲工作如此努力，却仍陷入严重的贫困中呢？关于这个问题，我想用OECD的数据来说明。

"教育水平高的单身母亲就业率接近90％是OECD加盟国的共同点。这个阶层的话，只要有工作就可以过上普通的生活，日本也不例外。

"但是，日本有一个非常显著的特征。那就是高中毕业或更低学历的单身母亲就业率很高。OECD其他国家，高中毕业或更低学历的单身母亲就业率都没有超过60％，对

---

① 课题集中学校指的是学生学习态度不佳、学力低下，因不良行为或校园暴力等问题导致教育活动难以进行的学校。

于这个群体来说，社会保障在一定程度上起到了作用。然而，在日本，她们的就业率高达83％，和其他国家相比高出30％以上。"

由于高中毕业或更低学历的单身母亲在收入方面不占优势，其他国家给予她们福祉支援。但是，日本把手无寸铁的她们扔进低工资的非正式劳动市场中。这竟然被称为日本的特征。这一点和高相对贫困率有关系吗？

"实际上，OECD各国中工作的单身母亲主要是正式雇用。只有日本不同，看总数的话，从事正式工作的单身母亲不超过50％，兼职、打工等非正式雇用的比例高。只有日本是这样。所以，工作如此努力仍然陷入贫困的主要原因是工资低。"

确实，只有日本的单身母亲苦于非正式劳动的低工资。为什么会发生这样的事情呢？

"其中一个原因是教育水平不同。实际上，日本女性的教育水平在发达国家中最低。据比较男性与女性教育水平的'相对教育水平'相关数据显示，OECD的35个国家中，女性比男性大学入学率低的国家有韩国、土耳其和日本，日韩并列，土耳其比日韩还要高一些。

"其他国家女性的入学率比男性高。但是，如果把范围扩大到研究生的话，韩国比日本高出不少，可以说，日本是所有发达国家中女性相对教育水平最低的国家。"

多么令人惭愧的事实！经过战后70年，日本很多女性认为在教育上已经实现了男女平等，我也不例外。

"比如说美国的哈佛大学和英国的牛津大学、剑桥大学等世界顶级名校，男女比例一样。但是，东京大学有多少女学生呢？即便是旧帝国大学①，女学生比例超过三分之一的学校几乎没有——将大阪外国语大学合并的大阪大学，偶尔超过三分之一。在发达国家中，只有日本如此。特别是理科研究院的女生入学率最低。日本是一个男女教育差距非常大的国家。"

确实，日本正是这样的国家：把考上医学部的女学生的成绩改为不及格，都立高中给男学生的成绩放水。丑陋的现实早就暴露在光天化日之下了。为什么女学生的入学率没有提高呢？

"现在仍有'女子无才便是德'的思想，可以说是根深蒂固。我认为这是最重要的原因，也可以说是根本原因。实际上，这种思想在地方上仍是主流，东京的下町②也仍有'女子学习无用'的风俗习惯。父母不让女儿上大学。'你就算去了大学也没用'，听着这样的话长大的女性，是不可能去读大学的呀。

"高中的毕业指导也是如此，不让女学生挑战录取率低的大学，劝她们选择容易的道路。如果只看学力试验结果的话，男女之间没有太大差距，但考大学的时候，巨大的差距就出现了。"

确实，中学同学里只有我考上了四年制大学，我以前

---

① 指日本最早建校的7所国立综合性大学，拥有全国最顶尖的教育水平。二战之后，为消除军国主义思想，这7所大学从校名中去掉了"帝国"二字，改制为今天的东京大学、京都大学、东北大学、九州大学、北海道大学、大阪大学和名古屋大学。
② 住宅和小商铺密集，保留着江户时期庶民风貌的地区，类似中国的老城区。

没注意到这件事。因为工作性质,我周围都是四年制大学毕业的女性。

女性不需要教育这种想法是不是在贫困阶层更为明显呢?实际上,我见过单身母亲的妈妈友让儿子上大学,让女儿上短大或者专科学校的例子。

"的确有这样的情况。很多父母认为如果是男孩,就算贫困也要让他上大学,女孩的话上专科学校就可以了。"

男女之间教育水平的差距,导致进入社会之后,大部分大学毕业的男性成为正式员工,大部分没有大学学历的女性从事非正式雇用工作,男女之间的工资差距也就自然而然地显现了出来。

"大部分日本的单身母亲教育水平低,所以不得不从事非正式雇用且工资低的工作,这是造成贫困的原因。"

说起日本的单身母亲能够从事的正式雇用的全职工作,我脑海里只能浮现出有限的职业选择。

"为了挤过独木桥,获得正式雇用,就需要学历。坦白说,在日本,对于高中毕业或更低学历的单身母亲来说,所面临的劳动环境和劳动传统不容乐观。"

日本固有的劳动传统拖后腿

日本固有的劳动传统指的是什么呢?

"正式雇用很难。在日本,不能长时间工作的话就无法成为正式员工,反过来讲,成为正式员工的前提是能够长时间劳动。这种劳动传统非常严苛。

"所以,要么有照料一切家务的专职主妇,要么接受父母的援助,否则是无法承受长时间劳动的。"

经济高速发展时期确立了以男性为顶梁柱、女性为专职主妇的劳动形式,在时代状况和环境已经改变的现在,固有的劳动传统还能持续吗?

"是啊。所以说,不能承受长时间劳动就不能成为正式员工这一点,是最需要改变的地方。

"为此,国家要对企业严格征收税金,在此基础上拿出一笔钱作为补助金,只有这样才能改变劳动传统。但日本对企业征收的税并不高,也就无法通过减税等优待措施建立激励机制,因此无法保障财源。结果就是国家就对于改变雇用传统,不可能有很强的作用力。

"从根本上说,政府本来就不太可能去思考上述问题。日本的女性国会议员很少,没有形成改变劳动传统、消除男女之间工资差距的机制。"

所以,这件事情产生的矛盾就转嫁到单身母亲身上了吗?

"确实,单身母亲是最容易受到影响的群体。弱者会最先被社会的问题和矛盾波及。

"我认为即便是单身母亲,也能拿到合适的工资,好好地育儿,平衡家庭和工作,才是一个靠谱的国家。看数据的话,挪威、丹麦、比利时、瑞典、爱尔兰等是这样的国家。

"其中一大半是北欧国家。北欧是高福祉、高税率的国家。税率高能够让政府有效介入劳动环境。税率低则反映出企业可以为所欲为,不受约束。没有激励,也就没有处罚。"

国家对企业征收高额税,对于国民来说是好事吗?

"一定程度上,高一点更好。理由是国家可以促使企业向自己期望的劳动方式和产业转变。日本的企业如今是随心所欲的。对于长时间工作的企业,政府可以提高税率进行惩罚,但政府现在对此放任不管。"

畠山也指出现在的企业环境对女性不友好这一点。

"问题在于职场内的女性歧视。劳动传统和女子教育问题,是进入公司之前的问题。日本公司内部也存在迫使单身母亲陷入贫困的问题。

"首先,进入公司之后需要参加提升技能,工作时间内参加研修的日本女性比例在OECD各国中基本上处于最末位。相对教育水平低再加上研修参加率低,导致日本男女之间的技能差距在发达国家中也最大。

"比较男女同等技能水平会发现,日本是OECD各国中现存公司内技能活用差距最大的5个国家之一。就算努力学习进入公司,如果无意中得知被公司如此对待,那么产生'学习是一件蠢事'的想法也就不足为奇。不仅进入公司后提升技能的机会有限,能够发挥技能的机会也有限,公司内部存在单身母亲因为是女性所以工资低的结构。"

生了孩子之后,单身母亲在企业里的处境更加不利。

"还有一点是,单身母亲因为是'母亲'所以容易陷入贫困。不仅日本是这样,北欧各国甚至有女性成为母亲就会减薪的情况。就减薪的力度而言,一胎比二胎大,二胎比三胎大。但男性不会减薪。

"有了孩子后，只有女性被迫中断事业，男性却没有。实际上，女性在处于事业黄金上升期的 25 岁到 35 岁生下第一个孩子，比在其他年龄段生下第一个孩子所产生的减薪更多。

"可以说，成为母亲这件事让女性更容易陷入贫困了。这是单身母亲容易为贫困所苦的原因之一，也是造成少子化的原因之一。"

那么，怎么做才能切断贫困的传递呢？

畠山爽快地回答：

"我认为最关键的突破口还是保障女性教育，保障多样化的升学机会。'因为女性教育水平低，所以不必开出高工资'也是女性工资偏低的理由之一。如果女性的教育水平得到改善，那么女性的待遇将会提高，单身母亲面临的严峻的雇用传统也将得到改善。我认为'女子无才便是德'是造成单身母亲问题的最根本的原因。

"再进一步说，比起依赖企业或政府，女性要不断地向文科省施压，要求提高女性教育水平，这一点实现的可能性更高。虽然可能要花些时间，但是我认为完善女性教育才是解决单身母亲问题的突破口。"

扩充奖学金

虽说切断贫困的传递，教育很重要，但是单身母亲面临的现实问题是，把孩子送进大学在日本是一件非常困难的事。

"是啊,不扩充贫困家庭的奖学金不行。贫困的传递持续得越久越严重。为了早日切断积累的消极文化资本,有必要扩充奖学金,让贫困家庭无须经过繁杂的手续就可以自动领取奖学金。申请型的奖学金领取率必然偏低,所以有必要让手续变得极为简易。不仅是学费,生活费上也要给予援助。"

我没有想到生活费也要给予援助。

"学费是直接费用。所谓上大学,是放弃了原本可以用这段时间通过工作获得工资的机会,所以应该把这期间的生活费当作间接费用,奖学金就该包含生活费。间接费用比直接费用要多得多。无视间接费用,只发放少量金额的奖学金,收效甚微。所以,综合直接费用和间接费用,将手续简单化,设立让广大贫困阶层都可以领取的奖学金,才能把孩子们送进大学。

"如果免费的只有大学学费,那么受益的是高收入阶层。所以,大学学费免费不是善举,而是恶举。我认为设立广大贫困阶层都能够领取的奖学金才能让单身母亲的孩子上大学,这样的政策才能起到效果。"

自 2020 年 4 月起,国家建立了为接受高等教育的孩子实行学费等免除、减额或者提供发放型奖学金的制度,但对象仅限于住民税非课税家庭[①],纯粹是"画大饼"。新制度第一年度的适用对象只有 27.2 万人,而且只给予了学费减免。

---

① 年收入低于住民税缴纳条件的低收入家庭。

另外，也有父母的问题。有的父母自己是初中毕业或高中毕业，不期望孩子上大学。

"我认为高中的毕业指导很关键。我在接触发展中国家教育时发现，性价比比较高的教育方法是介绍典型。比如说介绍一些与当事人立场相近的人的例子，比如同是单身母亲贫困家庭出身在社会上取得成功的人，这很重要。当然了，如果不完善教育体系，让陷入相对贫困的单身母亲的孩子也能考上大学，那么读大学的前提就不存在。"

我听说，现在定时制（非全日制）高中积极邀请同样境遇出身的成功人士来演讲。这会给学生们带来很大的影响。然而，我在采访中见到的贫困家庭的孩子们基本上进入的是课题集中学校，退学率很高，不知道能不能从高中毕业。

"没有条件去补习班，单身母亲的孩子学力低下是一个问题。孩子们在不利的生育环境中长大，问题也会逐年增多，有必要转变教育方式，他们需要温柔耐心的指导。容易理解的措施是少人数班级。比如说，经济富裕地区的孩子一个班级50人，就算挤进去60人也没什么影响。经济困难地区的学校，一个班级30人就很勉强了；就算只有10个人，也有出现教育危机的可能。但日本的教育政策完全不考虑这样的情况。

"对于贫困阶层儿童，最应该实行温柔耐心的教育政策。如果这点可以实现，就能减少没有受到毕业指导的孩子数量。"

根据OECD的调查显示，日本的儿童相对贫困率在发达国家中几近最高，教育环境之落后与高度发展的经济不匹配。为什么教育现场如此僵化？现在已经是令和年代了，却采用与昭和年代①同样的教育体系。

畠山继续说：

"从孩子还在母亲腹中时到读大学——当然能到研究生院就更好了——如果能认真研究这期间教育阶段的各种问题，各方协作共同解决，情况会很不一样。完善普及教育当然需要时间，但是与其他方法相比，对于解决单身母亲问题，其实现的可能性更高，效果也更好。

"遗憾的是，不能对现在的政府抱有太多期望，因此应该先着手于提高教育水平，比如扩充奖学金和改善教育环境等。政府改革是缓慢的，只能通过教育改变个人。"

## 当今育儿面临的特有问题

除了单身母亲面临的问题，现在的育儿或者说现在的儿童有哪些特有问题？

"要说特有问题，那就是与儿童有联系的大人数量正在减少。单身母亲家庭的孩子教育越发艰难，这与共同体内人际关系日渐薄弱也有关系。姑且不论结果好坏，与儿童有联系的大人减少，至少说明共同体的力量正在减弱。"

很多单身母亲不得不做两份工作，这样一来，孩子"晚上只能一人在家"。畠山重重点头。

---

① 1926 年到 1989 年。

成为单身母亲之后　　165

"支持这些孩子和母亲的共同体是否能够得到强化，是当今时代面临的特有问题。"

我想起采访课题集中学校时发现，学生们除了父母和老师以外没有和其他大人接触的机会。他们大多是单亲家庭的孩子。不知从什么时候开始，育儿环境中的"地域"消失了。

"我认为怎样让孩子结识除了父母和老师以外的成年人，特别是值得信赖的成年人，怎样让共同体活跃起来，是非常重要的问题。这不是我的专业，但我也在想，做哪些事情能让共同体的力量得到强化呢？"

现在，全国像课题集中学校这种家庭环境出身不好的学生占比高的高中，出现了"校内咖啡馆"。校外的NPO法人联合学校每周一次在校内开展咖啡馆活动，提供饮料和点心，很多大人在那里做志愿者。在校内咖啡馆，只认识父母和老师的学生们可以遇到很多大人，对他们倾诉烦恼，了解很多不同的人生方式，还可以体验各种文化资本。

我在采访的时候，深深感到这样的活动应该大力推广。

"我过去不知道还有这样的活动。如果预算足够，多安排这类能够关心孩子的场所，确实可以强化共同体的力量。"

接下来，我问了畠山最后一个问题：要说单身母亲能够像普通人一样生活的地方，哪个国家或地区可以被称为典范？

畠山毫不犹豫地说："北欧。基本上，在北欧，弱势群体也能轻松生活。"

"弱势群体"可以"轻松生活"……日本差得太远了。

日本大多数单身母亲，因离婚而感到理亏。但是，单身母亲一点都没有错。让单身母亲感到理亏甚至因此生活困难的始作俑者，是这个社会的结构和这个国家的制度。这一点通过国际比较，可以很清晰地看出来。

# 结　语

　　季节不同。时间段也不同。即使这样，我还是试着坐在了那把椅子上。

　　眼前是交通繁忙的甲州街道，上面是首都高速。一个公交站孤独地伫立在来来往往的车辆的噪声中。旁边的公寓、饮食店鳞次栉比，面前的洗衣店玻璃门上有一只可爱的羊在微笑。

　　东京都涩谷区"幡谷原町公交站"——2020年11月6日，大林三佐子（64岁）在此殒命。

　　又高又小又冷，真是把难受的椅子。椅面深度只有20厘米左右，与其说是坐在上面，不如说只是搭靠着。虽说后背可以倚靠塑料透明板，但是长椅的中间被隔开，不能躺下。

　　在又窄又小的椅子上，大林独自度过夜晚。末班公交车在23点之后发出，她拖着行李箱来到这里，坐在椅子上等待黎明。

　　气温只有10摄氏度。不管穿几层毛衣，都无法抵御严寒的侵袭。就在黎明即将到来的时候，一名男子认为她"碍眼"，突然拿起一个装着石头和塑料瓶的袋子击打她的头部，致她身亡。

她身上只有8日元，手机在8个月之前就停机了。

事件一经报道，"她就是我"的声音在社交媒体上迅速扩散，很多女性聚集在涩谷街上，悼念大林。

她就是我！

为什么女性会发出这样的声音呢？这是因为对大林的死太有共鸣。对于单身女性是这样，对于结束育儿后的单身母亲亦是如此。

大林的人生轨迹在报道中逐渐清晰。那既不是特殊也不是特别的人生，大林更不是"蚱蜢"①。

大林短期大学毕业之后去到东京，加入了一个剧团，出演舞台剧、音乐剧等，怀抱着成为演员的梦想。

她27岁结婚，遭受丈夫的暴力对待，一年之后离婚。当时她受到多大的心理伤害不得而知，但是从此以后，大林再没有重归舞台，而是辗转于不同的工作。她30多岁时恰逢1980年代，应该基本上能作为正式员工工作；到了40岁之后，可能只能从事非正式工作了。

10年前，50岁的大林在超市做食品试吃促销的工作。那是只能从事非正式工作的时代。即便如此，大林的女同事清晰地记得大林工作时活力满满的样子，说她是一个性格开朗，看起来很有朝气的人。

想获得"试吃促销"的工作首先要在广告宣传公司登

---

① 可能指伊索寓言《蚂蚁与蚱蜢》里懒惰的蚱蜢。这则寓言通过对比勤劳的蚂蚁和挥霍的蚱蜢，讲述了有准备、肯努力的人才能获得幸福的道理。

成为单身母亲之后　169

记，有工作时就得赶往指定的场所。工作场所各种各样，商品的种类也每日不同。即使这样，只要有工作就是好事，没有工作，收入就为零。这份工作的雇佣形式是"业务委托"，没有任何保障，也不像派遣劳动者那样有保护其权利的《劳动者派遣法》托底。

大林每天去往东京、埼玉县、神奈川县的不同超市，站7个半到8个小时，到手薪资7000到7500日元。

想靠这样一份工作保住杉并区的公寓，得过多么节俭的生活啊。4年前，60岁的大林因为拖欠房租不得不退租，失去了住所。走在钢丝绳上的生活一瞬间崩塌。

之后，她拖着行李箱前往各个工作地，在网咖住宿。

即便这样有工作就好，能拿到少许的钱。每周至少保证4天工作的话，就可以睡在有食物和屋顶的地方。

然而，疫情夺去了大林保命的工作。新冠蔓延，超市一概取消了试吃促销。

2020年3月，大林的手机合约被解除。疫情击溃了大林的生活，她没有钱住网咖，最后停留的场所就是幡谷原町公交站。

腰包里有母亲所在的养老院地址，还有写着弟弟电话的卡片，但是大林没有向他们寻求帮助，也没有申请生活保护。

住在公交站附近的人注意到了大林的存在。她总是干净整洁，在零点过后吃着东西。一个女人在这儿会不会有危险？有人担心地询问她是否需要帮助，也有人把温热的饮料递给她。

但是，大林不寻求任何帮助。不知不觉，她的身上只剩下8日元的那个夜晚，大林在想象一个怎样的未来，不，怎样的明天呢?

许多单身女性和结束育儿的单身母亲们,在大林身上看到自己"不远的未来"——是"绝境"。

现在可以工作生活,付得起公寓的房租和电气费,也能吃饱饭、不会饿肚子。但是,一旦出现意外的话……

我深切地感受到如果像大林那样失去工作,或是突然生病,就算是特别小的事情,生活的根基也会被彻底拔起。

对于不依靠男性扶养的女性,这个国家多么残酷!"绝境"是被有意制造出来的。说什么"自作自受""责任在己""自助为本",国家用这类不负责任的言论将我们这些单身女性逼入绝境。

这种荒谬至极的结构正是本书想要认真探讨的。有时,我愤怒到颤抖不已。我知道文章有些情绪化,但也实在是情不自禁。

## 疫情中的生活

本书中出现的单身母亲们,在疫情中是如何生活的呢?

在高尔夫球场做球童的水野敦子(现年58岁),高尔夫球场因疫情暂停营业后没了收入,于是申请国家的持续化给付金[①],拿到了即时的生活费。

---

① 持续化给付金指对于受疫情影响较大的农业、渔业、制造业、饮食业、作家、演员等行业的法人或个人给予的补助金,用以支持其事业发展和重启。

2020年夏天，敦子的个人破产申请被顺利批准，对她帮助很大。在此之前，她花了很长时间才接受自己破产的事实，凑齐支付给破产管理人的20万日元也大费一番周折。水野方辩护律师的20万日元律师费使用了日本司法支援中心的代付制度，每月还款5000日元就行。但管理费用不同，必须一下子准备20万日元，这对敦子来说非常困难。

"从申请到结束，花费了3年。在破产管理人的律师事务所，我被问到了账户的全部流水，3个月后法院开庭，大概花了10分钟就结束了。"

法官最后对水野说："一切都是因为收入不稳定和教育费。"

结束了。过于简单的谢幕。现在，敦子发自内心地认为申请个人破产是件好事。

"虽说不能使用信用卡不太方便，但是终于从还款当中解脱了，现在只靠收入生活，过得还不错。两个孩子已经独立了，我自己一个人住，多少能应付得过去。住在公营住宅对我帮助也很大。"

但是，在疫情的动向尚不明确的现在，球童的工作还能增加多少是一个未知数。

"我没有什么晚年生活可言。一旦身体出现什么状况……所以只能工作到最后。"

身为指压师、经营女性推拿沙龙的川口有纱（现年56岁）在2020年2月初，离开了租住的私人公寓，搬到了父母生活的老家。自 18 岁离家以来，有纱时隔 40 年再次与父母住在一个屋檐下。

"父母 89 岁了，我完全是以主要看护人的身份和他们同住。姐姐有家庭，我一个人，孩子们都已经独立了，只能我去做了。姐姐还有女儿都说：'妈妈不去谁去？'老实说，我也有'为什么？'的念头，但是内心又有罪恶感，最后决定和父母一起住。"

如果继续住公寓，受疫情冲击，有纱付不起房租。疫情期间沙龙没有客人，因此没有收入。她申请了国家的持续化给付金和自治体的协力金以渡过难关。

和父母居住面临的现实是不得不一个人承担看护责任。

"母亲是护理 2 级[①]，认知症[②]比较严重，弄得床上都是粪便，我得抱着母亲去洗手间。认知症患者喜欢抱怨，她经常骂我。"

之后，父母去了养老机构。护理 4 级[③]的父亲迎来了 90 岁，他说"想死在家里"，希望回家。

有纱痛苦地说："看护工作给人的感觉是'只要有人看

---

[①] 日本《护理保险法》将需要护理程度由轻到重分为 7 个级别：援助 1 级、援助 2 级、护理 1 级至护理 5 级。护理 2 级是指能够进食、排泄但需要部分协助，难以站立或行走，可能出现认知症早期症状的情况。

[②] 又称痴呆症。因"痴呆"含有侮辱性意味，不利于对该疾病认识的普及，也不利于社会对患者的接受，约 10 年前，日本弃用"痴呆症"，改用"認知症"。出于同样的理由，近几年我国的一些医务人员和媒体也开始用"认知症"替代"痴呆症"。

[③] 护理 4 级是指如厕、进食、站立、洗澡等日常行为需要全面协助，认知症症状（妄想、徘徊等）引起的问题行为很常见，需要日夜持续护理的情况。

护，生活就能照常进行'。但这是家中有专职主妇等专门负责照护工作的家人才能成立的想法。高龄化社会的今天，照护老人的责任仍然'以家庭为前提'。所以，我为了看护父母，不得不辞去工作。"

辞去工作后没有收入，有纱自身的晚年生活变得危险。

"为了看护辞去工作，我以后没法生存。没有养老钱。"

父亲是公司职员，母亲是专职主妇，两个人的年金加起来也不够他们在养老机构的花费。况且，年金金额每年都在减少。现在还能用父母的存款补足差额，但"到了90岁之后，存款也没剩多少了"。

"母子家庭中的育儿终于结束了，接下来还要照护父母。结束育儿后的单身母亲很容易被选中，成为家庭中的看护人员——因为，单身母亲是一个人。看护结束后，我们面临的是自己需要被看护的状况。"

去年，有纱为了减轻孩子们的负担，加入了如果被认定为护理2级就能拿到500万日元的保险。现在她也在摸索尽量利用所有能够使用的看护服务，继续工作的办法。

"只能一直工作到死。'死之前都是在职人'，用这句话形容我的人生真贴切。"

配送司机森田叶子（现年50岁）因疫情的居家需要，2020年3月以后工作量激增。叶子不得不应对每天如飘雪般繁多的配送请求。

"时薪没有变，工作量增加了2到3倍。在此之前，工作起来游刃有余，现在已经达到极限了。"

6月，公司发放了临时奖金。根据不同的雇用形态和劳动时间，奖金金额有所不同，叶子拿到了4.3万日元。

"奖金只发了一次，工作量增加了不少。周末精疲力尽，什么都干不成。"

今年年初，儿子儿媳生下了孩子，叶子成为49岁的年轻奶奶。看了去初宫参拜①的照片，婴儿旁边有前夫的身影。

"他经常参加孙女的各种活动，毕竟都是令人高兴的事嘛。"

平日里一张扑克牌脸的叶子，浮现出笑容。

"是个女孩，和儿子小时候长得一模一样，太像了。"

享受孙女的成长带来的快乐，叶子掩饰不住内心的喜悦。她再也不用担心儿子了。之后，就是她自己的事情了。

"这份工作还能持续做多久？60岁之后，还能做吗？我不知道10年之后会怎么样。而且以后自己能干什么工作，对这些我也完全摸不着头脑。"

虽说四五年前公司开始负担兼职或打工者的社会保险，但叶子知道只靠年金没办法生活。

作为性工作者养育儿子，并将儿子送入名牌私立高中的大野真希（现年42岁）因为害怕感染新冠，在2020年减少了工作。为填补家用，她使用了"紧急小额资金"。

---

① 初宫参拜指的是孩子满月后第一次参拜本地的保护神，祈祷孩子健康成长的仪式。

成为单身母亲之后

"虽然是借贷，但没收入的话不还也可以，一个月能拿20万日元，持续4个月。高中的学费使用了学校疫情期间设立的发放型奖学金。"

存款逐渐耗尽，真希利用了可以使用的制度来维持生活，今年儿子考上医学部，生活发生了变化。医学部的学制是六年制，每年学费400万日元。

"让他考国立大学就好了。"真希虽然这样说，但是可以从真希兴奋的表情中看出，儿子考上医学部对她来说是多么值得高兴和自豪的事情。

那么，学费问题该如何解决呢？真希果断行动。

"发放型的国家奖学金也有限制，满额只有250万日元。这样一来，学费每年就有150万日元的缺口，于是我向法院申诉前夫支付抚养费。虽说很麻烦，但是申诉通过了，现在前夫工资的一半从他的工作单位直接汇入我的账户。"

离婚的时候，真希办理了抚养费支付公正证书，进而成功取得丈夫的住民票和户籍附票，办理繁琐的手续，得到了这份权利。前夫在公立高中做足球外聘教练，每个月从学校的会计部汇款10万日元到真希的账户，有奖金的时候则是30万日元。再加上儿子申请了几个发放型奖金，通过的话就能解决每年的学费问题。

真希如今在展会活动相关的派遣公司做了登记，鉴于时势，目前在接种疫苗的大型会场工作。

"时薪1200日元，大概工作12个小时的话，一天可以拿到1.5万日元。做应召女郎接不到客人就没钱，接到一个客人和在疫苗接种会场挣到的金额一样多。现在一天接不到两个客人，去做应召女郎也没有意义。我可能会和一些客人保持私人联系，但不想再去店里了。"

可以说，因为疫情，真希的人生迎来了转机。

"我原本以为会以'毕业'或者和有钱人再婚受到祝福的方式离开风俗业，除此之外，我想不到其他辞职的方式。没料到因为这种预想之外的原因离职。"

将来，真希想成为一名"极简主义者"，在郊外房租便宜的地方过最低限度的生活就满足了，不会让儿子为她养老。

"如果他每年能赚几亿日元，我就毫不客气地靠他生活了，但这很难吧。过段时间酒吧肯定会重新开张，如果做陪酒女郎，一个月大概能赚15万日元，生活应该没问题。我很了解靠年金难以维持生活。"

真希说，人生中最辛苦的事情是育儿。

"儿子小时候的育儿太过辛苦，所以，之后不管遇到什么样的事情都比这强，我想我都能承受得住。"

身为点心制作公司事务员的小林尚美（现年55岁），因为是正式员工，疫情没有导致收入变化，但是一个人养育两个患有发展障碍、生活困难的孩子，每天的艰辛压得她喘不过气。

2020年春，两个儿子分别成为大学生和高中生，学校因紧急事态停课，他们只能呆在家里。

"本来就是不会收拾的孩子，我工作结束后回家，家里很脏……晚上7点我去超市买东西，什么都没有了。孩子们不会帮忙，也不帮我买东西，天天玩游戏，也不跟我说话。家是避风港，我却感到更加孤独。"

2年前，网络成瘾的次男上初三的时候又陷入日夜颠倒不去上学的状态，但在班主任的耐心教导下，他从年末准备中考，以班级第一名的成绩考上了照顾有不去上学经历的学生的全日制高中。

高中上学的交通不太方便，尚美和主治医生都很担心，但次男说"想上大学"，在高中积极努力地学习。但到了6月，他大吼着"我不去了！"，第二天之后就开始宅在家里了。

"我想是短时间内努力过了头。我觉得自己快被逼疯了，我找他聊天，做了很多尝试，但他就是待在壳里不出来，把外面的声音当作噪音。"

班主任也来家里做过家庭访问。2021年2月，第二年学费已经交了，但尚美决定让次男在高一退学。

"他现在一直待在家里，已经不沉迷于游戏了，而是心情低落，开始抑郁。他说'我要崩溃了'，怪家庭环境，还对我说'都是你的错'。"

在私立高中上学的长男，考上了4所大学，最终选择了私立大学的生物系。4年学费是620万日元，尚美能支付一部分，全部支付有些困难，所以申请了奖学金。

"申请日本学生支援机构的奖学金需要两个保证人，我只得使用'机关保证'，这样就不需要连带保证人了。扣除保证费用，每月到手的奖学金变少了。单亲家庭的孩子很难找到保证人，所以只能申请'机关保证'。"

长男也申请了国家发放型奖学金,并且顺利通过了。

"申请的时候,我们拿出了发展障碍者手账和诊断书,考核人员可能也考虑到了这些因素。只是,成绩如果在中等以下的话,奖学金就会停止发放。今年 4 月,长男的警告书就来了。"

警告书上写着:"以下情况会发出警告,连续收到警告的学生,将会停止发放奖学金,学费减免也将终止:取得学分是标准的 60%(下略)"。

为了能继续拿到奖学金,长男必须努力学习。长男坦率地说:"我完全学不下去没兴趣的内容,没干劲。现在是为了奖学金而学习,感觉很奇怪。"

这是长男的个性。为什么国家的发放型奖学金要强加这么多束缚呢?这都是上面的想法:"既然出了这个钱,就给我好好学习!"不能平衡所有科目的学生,不单单只有尚美的长男一人。如果奖学金停发的话,只会徒增尚美的心理负担。

最近,次男说"想养仓鼠",养仓鼠的时候能平静下来,对尚美也不再情绪冲动,大喊大叫,送到房间的饭也开始好好吃了。

"他本人说:'现在是消磨时间。睡觉的时候最轻松。'我不知道会是在什么时候,但我觉得变好的契机会到来的,现在还不是强迫他的时候,我会继续守着他。"

尚美始终记得,决定让次男退学的时候,班主任说过这样的话:

"孩子妈妈,我们已经努力了。我会等他回来。所以您也稍微喘口气，去做一些感兴趣和喜欢做的事吧。"

确实是这样。只有快乐地生活才是人生。我真心希望尚美能多为了自己而生活。

疫情之后，应该建立怎样的社会？

这个社会是如何看待单身母亲的呢？

在此，我想挑明社会如何看待女性，本书中也多次指出这个真相。

日本的单身母亲是全世界工作最努力却最贫困的群体。这个事实反映出国家扭曲的女性观。

"要重视阻止'母子家庭出现'这件事。"

这是 2021 年 5 月 13 日，回答《冲绳时代报》记者提问时，河野太郎冲绳担当大臣①（时任）的话。对于冲绳高居不下的儿童贫困率，他举例 10 岁至 20 岁女性怀孕率高的情况时，说了上面的话。

把母子家庭当作灾难、当作不应该存在的事物，对于自民党政权来说，这是真实的想法吧。女性对他们而言，就应该小时候从父、结婚后从夫、老了以后从子（这里指儿子）。

靠男性扶养，发挥生孩子、承担家务和育儿、看护父母和公婆以及丈夫的作用，女性就有存在的价值。所以，

---

① 该职务的全称是冲绳及北方对策担当大臣，为日本内阁府特命担当大臣之一，主要负责冲绳政策和北方领土政策。

政府创建"第3号被保险者"制度，并准备了丰厚的遗属年金（现在，丈夫若非大企业干部级别，那遗属年金对妻子而言也算不上"丰厚"了）。

这里有一篇意味深长的论文。东京都立大学教授阿部彩在《女性的贫困》（网络杂志《世界思想》）一文中论述了"中年及高龄女性的贫困没有被当作问题的理由"。

现在，65岁以上高龄女性的贫困率比其他年龄层的女性以及男性的贫困率更突出，但是为什么没被当成一个问题呢？

社会只关注"贫困女子"即15岁到30岁的年轻女性的贫困问题。别说高龄女性了，30岁以上的贫困女性也不怎么受关注。社会对女性的贫困为什么是这个态度呢？

阿部教授的结论是"社会只把女性当作'生育机器'，而不把她们当人来看待"。所以，只有"处于生育年龄阶段"的女性的贫困才受到关注。这是多么令人震惊的结论。

但是，从国家看待本书中出现的单身母亲们的态度来看，这又是多么准确的结论。

原来，这个国家不把女性当人看。生孩子，做家务，育儿，看护，偶尔做些补贴家用的工作，女性只发挥这样的作用就好。不符合国家期望的女性，不管变成什么样子都和国家没关系。

结语开头大林女士的死，也印证了这一点。

日本对于单亲家庭的支援政策已经如化石般陈旧，从本书中可以看出支援政策向就业支援一边倒的事实。近九成的母亲都在工作，国家还强迫她们更加努力地去工作。结果，被剥夺的是单亲家庭的育儿时间。

本书多次提到，这个国家的单亲家庭政策完全忽视单身母亲需要照顾孩子的事实。为什么不转变成不必那么辛苦工作也不会陷入贫困状态的政策呢？

韩国的单亲政策比日本先进得多。抚养费代付制度，让单身母亲充满活力的支援，全民理解单亲家庭的理解教育……举全社会之力推行单亲政策。日本的单身母亲如果在韩国育儿的话，肯定能像人一样生活下去。

而法国则深受"社会的儿童"这一哲学观念的影响，教育费免费，不仅建立全社会养育儿童的体系，还提供让单身母亲享受人生的支援。

为什么在这两个国家被认为"理所当然"的事，在日本却遥不可及呢？期盼日本能像法国和韩国那样，这愿望很可能落空。

我希望不是如此。

疫情之后，我们只要能回到原来的社会就足够了吗？

我不想回到以"自助"为根本，强调"自我负责论"的社会。

我真心希望社会能从竞争型社会转变为各种各样的人可以和谐共生、包容多样性、以互助为基础的社会。

让单身母亲充满自豪地生活的社会，就算是单身父母也可以享受育儿的乐趣、和孩子们一起健康成长的社会，才是正常的社会。而且，育儿结束后，迎来的应该是能够享受人生的未来。

这是女性身为"人"在生活的社会。然而我们女性即便不是单身,也不会被社会当作"人"来看待。

育儿结束后单身母亲的现状暴露了这个国家的本质。这绝不是正确的事情。

最后,我向将自己辛苦的过去和现在坦诚地告诉我的所有单身母亲们表达衷心的感谢。正因为和你们的相遇,才有了这本书。相遇时度过的有意义的时间,对我来说非常宝贵。

从今以后,我们也要互相支持、互相鼓励地活下去。

现在,我仍然怀疑自己是否能把声援助威的接力棒传递给年轻女性。因为得到了年长女性的支持,我的长男才得以降生于世,健康成长。如果这本书能将这份支持传递下去,将是我的荣幸。

我希望本书能帮助单身母亲们通往一个"丰富的人生",而不是"贫困的未来"。

2021 年 11 月

黑川祥子

# 参考文献

『子づれシングルの社会学　貧困・被差別・生きづらさ』（神原文子、晃洋書房、二〇二〇年三月）

『子づれシングル　ひとり親家族の自立と社会的支援』（神原文子、明石書店、二〇一〇年五月）

『下層化する女性たち　労働と家庭からの排除と貧困』（編著　小杉礼子・宮本みち子、勁草書房、二〇一五年八月）

『日本、韓国、フランスのひとり親家族の不安定さのリスクと幸せ　リスク回避の新しい社会システム』（近藤理恵、学文社、二〇一三年九月）

『世界の子どもの貧困対策と福祉関連QOL　日本、韓国、イギリス、アメリカ、ドイツ』（監修　黒木保博、編著　中嶋和夫・近藤理恵、学文社、二〇一八年三月）

『シングルマザーの暮らしと福祉政策　日本・アメリカ・デンマーク・韓国の比較調査』（編著　杉本貴代栄・森田明美、ミネルヴァ書房、二〇〇九年四月）

『養育費政策にみる国家と家族　母子世帯の社会学』（下夷美幸、勁草書房、二〇〇八年一〇月）

『女性労働研究　第60号　生きる場の再構築　家族、仕事とそのリス

ク』(女性労働問題研究会、発売 すいれん舎、二〇一六年三月)

「女たちの21世紀 特集 女性の貧困 何が見えなくしてきたのか?」(第五七号、アジア女性資料センター、二〇〇九年三月)

「生活協同組合研究 特集 女性と子どもの貧困 『子どもの貧困』の背景にある経済格差」(第五〇一号、生協総合研究所、二〇一七年一〇月)

「大原社会問題研究所雑誌 特集 ひとり親家族支援政策の国際比較」(第七四六号、法政大学大原社会問題研究所、発売 法政大学出版局、二〇二〇年一二月)

「ひとり親家族にみる社会的排除、複合差別、および、社会的支援に関する日韓の比較研究」(日本学術振興会科学研究費助成事業、神原文子、二〇一七年四月)

「ひとり親家族を生活主体とする支援のあり方に関する日韓共同研究」(日本学術振興会科学研究費助成事業、神原文子、二〇二〇年三月)

「現代における寡婦(夫)控除制度の存在意義」(久岡靖恵、企業法研究の序曲Ⅷ、二〇二〇年四月)

「配偶者控除についての一考察」(北村美由姫、二〇〇八年)

「日本における子供の貧困を人的資本投資、共同親権の側面から考察する」「"ひとり親世帯"の貧困緩和策 OECD諸国との比較から特徴を捉える」(畠山勝太、ウェブサイト「SYNODOS」掲載、二〇一七年三月一四日、四月一〇日)

SINGLE MOTHER, SONOGO by Shoko Kurokawa
Copyright © 2021 by Shoko Kurokawa
All rights reserved.
First published in Japan in 2021 by SHUEISHA Inc., Tokyo.

This Simplified Chinese edition published by arrangement with SHUEISHA Inc., Tokyo in care of Tuttle-Mori Agency, Inc., Tokyo.

图字：09-2023-0424 号

**图书在版编目(CIP)数据**

成为单身母亲之后 ／ （日）黑川祥子著 ； 韩晓丹译.
上海 ： 上海译文出版社，2024．11．--（译文纪实）.
ISBN 978-7-5327-9696-0

Ⅰ．C913.68
中国国家版本馆 CIP 数据核字第 20240MZ767 号

**成为单身母亲之后**
［日］黑川祥子 著　韩晓丹 译
责任编辑／常剑心　　装帧设计／邵旻　观止堂_未氓

上海译文出版社有限公司出版、发行
网址：www.yiwen.com.cn
201101　上海市闵行区号景路 159 弄 B 座
常熟市文化印刷有限公司印刷

开本 890×1240　1/32　印张 6.25　插页 2　字数 90,000
2024 年 11 月第 1 版　2024 年 11 月第 1 次印刷
印数：0,001—6,000 册

ISBN 978-7-5327-9696-0
定价：45.00 元

本书中文简体字专有出版权归本社独家所有，非经本社同意不得转载、摘编或复制
如有严重质量问题，请与承印厂质量科联系。T：0512-52219025